小学生のための集中力を高める

ぼうけんドリル

毎日10分!

池谷裕二　監修

日本能率協会マネジメントセンター　編

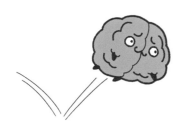

日本能率協会マネジメントセンター

はじめに

　みなさんは、自分にとって夢中になれることをしているとき、ついつい時間をわすれてしまう、というけいけんはありませんか?

　人は、何かに一生懸命集中して取り組むとき、「幸せだな」「充実している」「楽しかったな」と、とても前向きな気持ちを感じることができます。
　集中することによって感じられる、「充実している」という気持ち、じつは、勉強やスポーツ、習い事などを上達するために、とても役に立つものなのです。

　わたしは、東京大学というところで、脳のしくみについて、長いあいだ研究してきました。
　研究によって、毎日短い時間でも少しずつ勉強をつづけていると、勉強の内容がよりしっかりと身について、集中力があがるということがわかっています。

　この本で、モンスターたちの出題する、国語・算数のドリルを解いていきましょう。キャラクターたちが、ヒントをくれることがあるし、はげましてくれるので、きっと楽しく取り組めるはず。長い時間やらなくても、毎日、少しずつ取り組めばいいのです。楽しいと感じながら、少しずつ、集中力を高めることができます。

　また、脳のしくみから、勉強に役立つことを、イラストとともに楽しくしょうかいしています。ぜひふだんの生活でためしてみてくださいね。

　この本を通じて、みなさんが、学びながら、楽しく集中力を高められることをねがっています。

東京大学薬学部教授
池谷裕二

この本に出てくるキャラクター

集一

- 小学3年生。
- つい夜おそくまで起きて、ダラダラしてしまう。

千由

- 小学3年生。集一のふたごの妹。
- 本を読むのが好き。
- めんどうくさがり。

大ちゃん

- ブレインワールドからやってきた「大脳(*)」のようせい。しっかり者。
- モンスターたちの出してくる問題のヒントをくれる。

> **脳の豆ちしき**
> ●大脳は、考えたり、行動を決めたり、記おくをたくわえたりする。目や耳、皮ふなどから、情報を受け取ったりもしている。

たっちゃん

- ブレインワールドからやってきた、「海馬(*)」のようせい。
- 整理整とんが好き。

> **脳の豆ちしき**
> ●海馬は脳の一部。その形は、タツノオトシゴににていると言われている。
> ●日常で起きたことを海馬が整理して、わすれていい情報と、わすれてはいけない大事な情報に分けている。

ブレイン様
- ブレインワールドの神様。
- 集一と千由に世界をすくうため、世界中の子どもたちの集中力を取りもどすことをお願いする。

ヨフカシー
- 夜おそくまで起きているとあらわれるモンスター。
- 子どもたちをすいみん不足にしようとたくらみ、マンガやタブレットを見ようとさそってくる。

モンスターたち

ウンドウギライー

- 体を動かすことが苦手なモンスター。
- 動物の動画をみてすごすのが好き。
- 「計算拳」というわざの使い手。

メンドクサー
- 子どもたちが集中しようとするとあらわれて、めんどうくさい気持ちにさせるモンスター。
- 分身のじゅつが使える。

ダラダラーン

- 手下のモンスターとともに、人々から集中力をうばおうとするモンスター。
- しかし、その本当のすがたは…!?

3

もくじ

集中力レベル 1

集中力レベル 2

おうちの方へ　この本の特長と使い方

　この本は、毎日 10 分ずつ、楽しく学習を続けながら、集中力を高められるように工夫されています。
　小学生の生活の中には、スマートフォンやタブレットなどが身近にあり、めまぐるしい速さで情報を受け取れるようになっています。その一方、じっくり何かに集中して取り組む時間を確保するのが難しくなりつつあります。集中力を高めることは、学習効果がアップするだけでなく、お子さんが好きなことに全力で取り組み、それらの上達や、達成感を得ることにもつながります。集中力は、大人になっても、役立つ力です。
　今までの研究で、長時間学習より短時間で集中する"積み上げ型学習"の方が、学習成果を長期的に身につけるという点では、効果を発揮することがわかっています。この本を通じて、お子さんの集中力を高めることにつながれば幸いです。

特長1　国語・算数の問題を毎日 10 分!

　短時間でも毎日継続して学習することが効果的であることから、1日1〜2ページほどを目安に取り組むのがおすすめです。
　お子さんがふだん学習する、国語や算数の知識を使いつつ、知識だけでは解けない問題に挑戦することで、集中力が高まります。
　「じゅんび運動」問題では、漢字・計算などの基本事項が確認できます。
　「集中力アップ問題」は、迷路やパズルなど、知識だけでは解けない、少し工夫が必要な問題です。

特長2　集中力レベルは3段階!

　主人公の集一・千由とともに、モンスターたちの出題する問題に答えながら、少しずつレベルアップしていけます。
　レベル1・ヨフカシー、レベル2・ウンドウギライー、レベル3・メンドクサーという、3人のモンスターが現れます!
　無理なく、少しずつ、レベルアップしていくことができます。

特長3　池谷裕二先生監修!　脳にいい習慣を紹介!

　睡眠・運動など、小学生のお子さんが、毎日の生活で気軽に取り入れられる脳にいい習慣を紹介しています。
　お子さんの生活習慣の改善にも、ぜひお役立てください。

本 冊

とりくんだ日を書き込む欄があります。

「集中力をあげるためのじゅんび運動！」では、基本事項の確認ができます。

「集中力アップ問題」は、パズルや迷路など、楽しい問題がたくさん！

問題のレベルを星の数で、3段階で表示しています。

別 冊

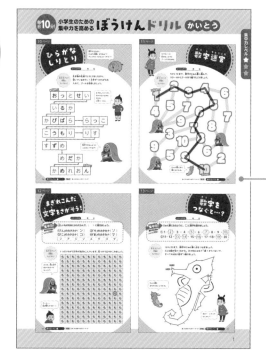

本冊の解答は、取り外し可能な別冊に掲載しています。

ひらがな しりとり

集中するために、
「ながら勉強」はやめよう！
テレビやスマホはスイッチオフ！

とりくんだ日　　　月　　　日

集中力アップ
問題に
ちょうせん！

生き物の名前でしりとりをしながら、
空いているますに1文字ずつひらがなを
入れて、ゴールを目指しましょう。

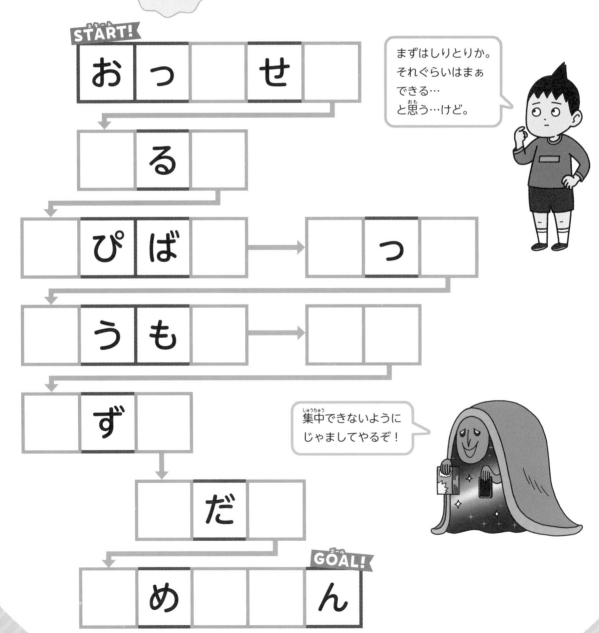

START!

| お | っ | | せ | |

| | る | |

| ぴ | ば | → | | つ |

| | う | も | → | |

| | ず |

| | だ | |

GOAL!

| | め | | ん |

まずはしりとりか。
それぐらいはまぁ
できる…
と思う…けど。

集中できないように
じゃましてやるぞ！

10　集中力レベル ★　　　［国語］▶こたえはべっさつ1ページ

ヨフカシーに
会わないように
ゴールできるかな。

数字迷宮（すうじラビリンス）

とりくんだ日　　月　　日

1から10まで、数字のじゅん番に進んで、
スタートからゴールまで線でたどりましょう。

集中力アップ
問題に
ちょうせん！

START!

2
3
4
6
1
5
7
5
6
4
6
7
9
7
8
3
8
10
8
9
6
5
9
2

じゅん番どおり
数えられたね。

10
GOAL!

まぎれこんだ 文字をさがそう！

集中力を あげるための じゅんび運動！

正しいものをあとからえらんで、（　　）に書きましょう。

①「ん」のカタカナ（　　）　　②「そ」のカタカナ（　　）

③「こ」のカタカナ（　　）　　④「ま」のカタカナ（　　）

| ン | ア | シ | ソ | ユ | ツ | コ | マ |

集中力アップ 問題に ちょうせん！

1つだけちがう文字がまぎれこんでいます。見つけて〇でかこみましょう。

も	も	も	も	も	も	も	も	も	も	も	も
も	も	も	も	も	も	も	も	も	も	も	も
も	も	も	も	も	も	も	も	も	も	も	も
も	も	も	も	も	も	も	も	も	も	も	も
も	も	も	も	も	も	も	も	も	も	も	も
も	も	も	も	も	も	も	も	も	も	も	も
も	も	も	も	も	も	も	も	も	も	も	も
も	も	も	も	も	も	も	も	も	も	も	も
も	も	も	も	も	も	も	も	も	モ	も
も	も	も	も	も	も	も	も	も	も	も	も
も	も	も	も	も	も	も	も	も	も	も	も
も	も	も	も	も	も	も	も	も	も	も	も
も	も	も	も	も	も	も	も	も	も	も	も
も	も	も	も	も	も	も	も	も	も	も	も
も	も	も	も	も	も	も	も	も	も	も	も

どうだ、同じ文字 ばかりならべて やったぞ！

う〜ん…。 目が回りそうだ…！

とりくんだ日　　　月　　　日

集中力を
あげるための
じゅんび運動！

じゅん番になるように、□ に数字を書きましょう。

① 1 － □ － 3 － 4 － □ － 6 － □ － 8 － 9 － □

② 11－ 12 － □ － □ － 15 － □ － 17 －18－ □ － 20

集中力アップ
問題に
ちょうせん！

1から 20 まで、数字のじゅん番に点をつなぎましょう。
どんな絵が出てくるかな。20 のあとはもう一度 1 からつないで、
すべての点を1回ずつ通りましょう。

じゅん番を
まちがえないようにね。

あれ？　これって
もしかして…

▶こたえはべっさつ 1 ページ［算数］　集中力レベル ★　　13

かくれた文をさがせ！

とりくんだ日　　月　　日

集中力をあげるための**じゅんび運動！**

＿＿線部を正しく直して（　　）に書きましょう。

①せんせえ（　　　　　　）　②しょおがつ（　　　　　　　）
③づかん（　　　　　　）　④ええがかん（　　　　　　　）

集中力アップ問題に**ちょうせん！**

文字がたくさんならんだ下の表には、**ヒント**の文がかくされています。
ヒントと同じ文になるように、スタートからゴールまで線でたどりましょう。
｛　｝の中の言葉は正しいほうをえらびましょう。
また、ななめには進めません。

ヒント　あの ｛ おおぞら・おうぞら ｝ をとんでいる ｛ ひこおき・ひこうき ｝ には
｛ おうさま・おおさま ｝ がのっていると ｛ おとおと・おとうと ｝ が ｛ ゆった・いった ｝。

「おおぞら」と
「おうぞら」、
どちらが正しいかな。

え、あれ？
どっちだっけ…。

START!

あ	め	く	こ	さ	か	た	の	つ	せ	う
の	あ	ぱ	め	ひ	ざ	な	ね	え	ち	く
お	お	ぞ	な	い	お	ち	す	に	い	す
う	よ	ら	て	ら	を	ま	お	き	つ	ま
ぞ	す	を	ふ	よ	や	ひ	こ	さ	の	さ
ら	へ	と	ん	で	い	る	う	お	い	お
い	じ	り	あ	う	く	お	き	に	は	お
の	や	る	た	め	ね	ん	す	る	き	う
ら	た	ろ	る	い	て	っ	の	が	ま	さ
る	う	ん	と	か	と	が	さ	ら	ゆ	ど
と	お	と	お	と	う	と	が	い	っ	た

GOAL!

14　**集中力レベル** ★　　[国語]　▶こたえはべっさつ2ページ

正かいをぬりつぶせ！ パート1

とりくんだ日　　　月　　　日

集中力をあげるためのじゅんび運動！

① 1から10までの数字を〇でかこみましょう。

11　32　18　22　3　15　5　7　17　45

② 11から20までの数字を〇でかこみましょう。

19　22　10　53　16　30　12　4　9　82

集中力アップ問題にちょうせん！

21から100までの数字が書かれたますをさがして、ぬりつぶしましょう。
どんな絵が出てくるかな。

66	20	1	75	6	13	77	20	12	84
24	11	32	44	15	7	65	26	4	35
33	2	27	95	17	19	60	83	10	56
43	82	100	8	10	5	9	34	71	59
28	4	1	61	14	6	45	15	11	76
90	14	5	86	15	18	99	5	16	25
42	12	23	31	54	91	85	36	3	41
51	81	96	50	74	21	47	89	49	52
8	2	62	46	82	58	72	98	3	16
29	67	91	38	22	67	68	26	39	94
18	20	34	79	97	53	41	24	10	2
55	93	63	56	30	92	78	35	70	64
13	9	31	87	69	48	80	57	6	17
73	37	7	19	3	1	14	4	88	40

何に見えるかに～？

記事の見出しは？

集中力を
あげるための
じゅんび運動！

次の漢字のきょう通点をア～ウからえらんで、記号を〇でかこみましょう。

山　草　里　林

ア　上下をひっくり返しても、形はかわらない。
イ　よこに半分に切ると、上と下でにた形をしている。
ウ　たてに半分に切ると、左と右でにた形をしている。

集中力アップ
問題に
ちょうせん！

点線にかがみを立ててうつすと、どんな漢字になるでしょうか。
❶～❻の答えをあとの□に入れて、
記事の見出しをかんせいさせましょう。

❶　　　　　❷　　　　　❸

真ん中に
かがみをおくと、
右がわにどんな
形が来るのか、
イメージしてごらん。

❹　　　　　❺　　　　　❻

発見！

❶□曜❷□に、あおぞら村の❸□の❹□で、

❺□の❻□きなきょうりゅうの化石が見つかった！

あいつとは、子どもの
ころからのくされえんだ。

ライバルは
だれだ

集中力を
あげるための
じゅんび運動！

次の計算をしましょう。

① 2+4+1 = ☐　　② 3+2+5 = ☐　　③ 2+2+4 = ☐

④ 5−1−1 = ☐　　⑤ 9−3−2 = ☐　　⑥ 7−1−2 = ☐

集中力アップ
問題に
ちょうせん！

たすと9になるように、カードを<u>3まい</u>えらびましょう。
えらんだカードの<u>下に書</u>かれたカタカナを、
カードの<u>数字</u>が<u>小さい</u>ほうからじゅん番にならべて、☐に書きましょう。

7	3	9
6	2	4	5

3つの数字をたして
9になる組み合わせは、
1つしかないぞ。

9	6	4	2	7	5	3
↓	↓	↓	↓	↓	↓	↓
マ	キ	オ	ハ	メ	ス	ヤ

ヨフカシーのライバルの名前は… ☐ ☐ ☐ キー

今日のおやつはなあに?

集中力アップ
問題に
ちょうせん！

次の絵には、かけている部分があります。そこには
どのような絵が入るでしょうか。あとの文章を読んで、
合うパズルのピースを〇でかこみましょう。

さい後まで集中して
読まなければ、
とけない問題だぞ。
いひひ。

今日のおやつはプリンよ。

れいぞう庫に入れてあります。

きちんと手をあらってから
食べるように。

夕方には帰ります。

お母さんより

　くまさんが家に帰ってくると、テーブルにお母さんから
の手紙がおいてありました。
　「やったー！　おやつは、ぼくの大すきなプリンだって！」
　くまさんは、さっそくれいぞう庫からプリンを取り出しま
した。
　お母さん手作りの大きなプリンには、たっぷりのクリー
ムがかかっていて、水玉もようの青いうつわにのっています。
　「本当はさくらんぼもほしいところだけど、今日のところはがまんするか。」
　くまさんは大急ぎで手をあらいに行きました。

長さを
くらべよう

とりくんだ日　　　月　　日

えんぴつを長いものから
じゅん番にならべて、
記号を書きましょう。

（　　→　　　　→　　　　→　　）

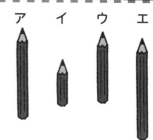

ア　イ　ウ　エ

長いものからじゅん番に、1、2、3の数字を（　）に書きましょう。
へびは体の長さを、犬はリード（ひも）の長さをくらべましょう。

（　　　）　　　　　（　　　）　　　　　（　　　）

まっすぐに
のばしたら、
どうなるかな？

（　　　）　　　　　（　　　）　　　　　（　　　）

カタカナ クロスワード

集中力を あげるための **じゅんび運動！**

あてはまる言葉をア～ウからえらんで、（　）に記号を書きましょう。
① おなかに赤ちゃんを育てるふくろがある動物。ピョンピョンはねながら移動するよ。　　　　　　　　　　　　　　　　　　（　　　）
② 水着を着て入る、水をいっぱいためたところ。体育のじゅ業で入ることもあるね。　　　　　　　　　　　　　　　　　　　（　　　）
③ ピザやパスタが代表的な○○○○料理。トマトやチーズをよく使うよ。　　　　　　　　　　　　　　　　　　　　　　　　　（　　　）

ア　プール　　イ　カンガルー　　ウ　イタリア

集中力アップ 問題に ちょうせん！

たてのかぎ は上から下に、よこのかぎ は左から右にますをうめる言葉のヒントです。21ページのますには、どんな言葉が入るでしょうか。また、□に入る文字をAからじゅん番にならべると、どんな言葉ができるかな。すべてカタカナで書きましょう。

たてのかぎ

① クラブとよばれる道具でボールを打ち、あなに入れるスポーツ。
③ 氷をはったリンクの上を、はのついたくつをはいてすべるスポーツ。
④ ひき肉に玉ねぎなどをまぜて丸め、やいた料理。
⑥ 主にアフリカ大陸にすむ動物。オスは顔のまわりにたてがみがあり、「百獣の王」とよばれています。
⑧ スーッとしたさわやかなかおりのハーブ。「チョコ○○○」
⑨ ぶどうをしぼって作られる飲み物。子どもは飲めません。

よこのかぎ

② 家や部屋などの出入り口についていて、開けたりしめたりするもの。とびら。
④ ぶたなどの肉をしおづけにして作った食べ物。「○○エッグ」「○○サンド」
⑤ ヨーロッパにある国。首都はパリ。エッフェルとうやおいしい料理で有名です。
⑦ スープを飲むときなどに使う道具。アイスクリーム専用のものもあります。
⑧ ぬのなどをぬい合わせるきかい。これを使って、服やかばんなどを作ることができます。
⑩ サンタクロースが乗ったそりを引っぱって、空をかける動物。

こいつはなかなか
むずかしい問題だぞ〜。
おまえたちにとけるかな？

上からじゅん番にとかなくてもいいよ。
わかるものからますをうめていこう。
のばす音「ー」は、たてとよこの
どちら向きに書いてもいいよ。

これ、ヨフカシーの
すきな食べ物なんだって。

	A		B		C		D		E

はん人をさがせ！

集中力を
あげるための
じゅんび運動！

右の時計の時こくは、何時何分ですか。
〇でかこみましょう。

1時10分　　1時20分
2時5分　　2時10分

集中力アップ
問題に
ちょうせん！

集一のプリンを食べることができたのはだれでしょうか。それぞれが
言っている時こくになるように、時計に短いはりと長いはりをかき入れて、
あとの□□に名前を書きましょう。

集一

あれ…？　ぼくのプリンがない！
そういえば、台所から出ていく何者かを見たぞ…。
あのとき、時計は2時45分だった！

千由

わたしが学校から帰ったのは、長いはりが1を、
短いはりが4あたりを指していたときよ。

ヨフカシー

おれっちはきのう夜ふかししたせいで、起きたのは、
長いはりが4を、短いはりが3をすぎたあたりを
指していたときだ。

たっちゃん

わたしはおつかいに行っていて、帰ってきたのは、
長いはりが7を、短いはりが2と3の間を
指していたときだよ。

プリンを食べたのは ［　　　　　　　　　］

まぎれこんでいるものは？

集中力を
あげるための
じゅんび運動！

冬に体をあたためるものを集めました。なかまのふりをして、まぎれこんでいるものを1つえらんで、〇でかこみましょう。

ストーブ　　こたつ　　セーター　　水着　　手ぶくろ　　マフラー

集中力アップ
問題に
ちょうせん！

なかまのふりをしているもの以外を、**れい**のようにまとめて〇でかこみましょう。

れい

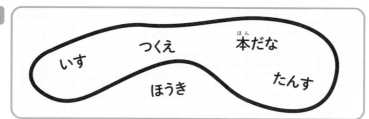

いす　　つくえ　　本だな　　ほうき　　たんす

まずは、何のなかまが集まっているのかを考えてみよう。**れい**は家具のなかまだね。

❶

きゅうり　　にんじん　　もも
はくさい
ねぎ　　ほうれんそう

❷

えんぴつ　　図かん　　消しゴム
はさみ　　じょうぎ　　テープ

うーん…、❶は野さいの集まりかな？

❸

ざりがに　　さんま　　さば
ひらめ　　とびうお　　ふぐ

読書家はだれだ

色をぬって
くらべてみると、
わかりやすいね。

集中力アップ
問題に
ちょうせん！

それぞれが読んだ本の数だけ、下からじゅん番にぬりつぶしましょう。いちばん多く本を読んだ人の名前をあとの　　　に書きましょう。

ヨフカシーと
たっちゃんは、
何さつ読んだのか
わかりづらいなぁ。
ぼくと千由のぶん
を先にぬって…。

きのう2さつ、
今日も2さつ
読んだよ。

3日前に3さつ、
きのうも3さつ、
今日は1さつ読
んだよ。

集一より多い
が、千由より
少ないぞ。

ヨフカシーよ
り1さつ多い
が、千由より
は少ない。

集一

千由

ヨフカシー

たっちゃん

いちばん多く
本を読んだのは

とりくんだ日　　　月　　　日

集中力を あげるための じゅんび運動！

反対の意味の言葉をア〜ウからえらんで、（ ）に記号を書きましょう。

①うら（　　　　）　　②行く（　　　　）　　③大きい（　　　　）

ア 来る　　イ 小さい　　ウ 表

集中力アップ 問題に ちょうせん！

◯ の中にある言葉の、反対の意味の言葉をあとの表からさがして、〇でかこみましょう。上から下か、左から右に読みます。

右	後ろ	軽い	高い	ちぢむ	出る
開く	広い	古い	暗い	内	やわらかい

づ	ぬ	せ	ま	い	れ	る	と	ま	る
さ	か	ん	ま	う	で	る	じ	い	ひ
わ	た	や	は	あ	の	び	る	ぶ	よ
か	い	わ	え	べ	ご	そ	さ	い	り
ぺ	る	ら	あ	た	ら	し	い	ぎ	せ
あ	か	る	い	ぽ	あ	け	ひ	だ	り
う	す	の	だ	う	は	も	や	こ	ん
め	ね	つ	お	も	い	じ	き	ぴ	ひ
る	つ	に	ま	わ	る	へ	お	ほ	く
ま	え	か	よ	そ	と	ぼ	い	か	い

まずは、反対の意味の言葉を自分で考えてみよう。

「ちぢむ」の反対は「のびる」かな？

どこが広い？

とりくんだ日　　　月　　　日

集中力をあげるためのじゅんび運動！

青色、ピンク色、緑色のうち、いちばん広いものを〇でかこみましょう。

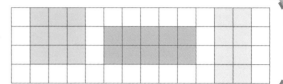

集中力アップ問題にちょうせん！

集一は① 10 〜 39、ヨフカシーは② 40 〜 69、千由は③ 70 〜 99 の数字のますを、それぞれちがう色でぬりつぶします。①〜③のうち、だれのぬりつぶした部分がいちばん広いでしょうか。あとの□に名前を書きましょう。

ぼくは①の10〜39をぬるよ。ヨフカシーには負けないぞ。

集一

わたしは③の70〜99をぬるよ。

千由

38	31	24	12	39	44	64	67	43
20	23	33	10	22	51	69	52	55
21	29	15	26	19	60	40	49	63
35	17	25	30	34	45	56	65	42
32	28	37	27	16	61	41	50	66
11	13	14	46	54	47	58	53	48
18	29	36	75	88	74	91	84	95
81	78	87	94	71	98	70	89	99
93	72	80	77	92	96	86	97	73

②の40〜69は、おれっちがぬりつぶしてやる。はみ出してくるなよ！

ヨフカシー

形のちがう広さは、どうやってくらべればよいかな？

答え

とりくんだ日 　月　　日

□に共通して入る漢字をえらんで、○でかこみましょう。

①□見 ── 正□（ 月　空 ）　②□字－□学（ 文　竹 ）

③雨□ ── □気（ 上　天 ）　④□足－□手（ 木　土 ）

漢字2文字の言葉を作るとき、○に共通して入る漢字1文字を書きましょう。

○ または □ から矢じるしの方向に読みます。

れい

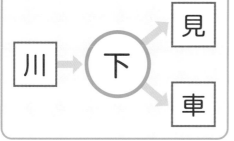

漢字をながめていると、ねむたくなるなぁ…。

いひひひひ。

❶

考えるのをやめて、ゲームでもしたらどうだ？よふかしはさい高だぞ。

ねむたくなってきたら、のびをするとリフレッシュできるよ！

❷

手
見
　気

❸

入
大
年
校

ねむるだけで レベルアップ！

たくさん問題を問いたぞ。頭がよくなった気がする。

ごほうびに、夜ふかししよう。

いいぞ、夜ふかしするがよい。

ちょっと待って！

勉強したことは、ねむっている間に整理されるんだよ！

❶ 見たり聞いたりしたじょうほうは、頭の中にごちゃごちゃにおかれている。

どこに何があるかすぐわかる！

❷ そのじょうほうを整理するのが、脳の中の「海馬」という部分。じょうほうを分るいして、思い出しやすくするよ。

いつまでも海馬の出番が来ない！

❸ 海馬がはたらくのは、ねむっている時間。つまり、ねむらないかぎり頭の中は整理されない。

夜ふかししてたら学んだことが整理されないよ。

何だって？すぐにねなきゃ！

よくもじゃましましたな！ こうなればウンドウギライーをよぶしかない！

しゅうちゅうりょく
集中力レベル **2** へ！

ボールをたくさん
ばらまいてやったぜ！

| とりくんだ日 | 月　　　日 |

集中力を
あげるための
じゅんび運動！

りんごとバナナの数を数えて、
表に書きましょう。

しゅるい	数
りんご	こ
バナナ	本

集中力アップ
問題に
ちょうせん！

ウンドウギライーがばらまいたボールの数を数えて、表に書きましょう。
また、集一と千由のうち、正しいことを言っているほうを、○でかこみま
しょう。

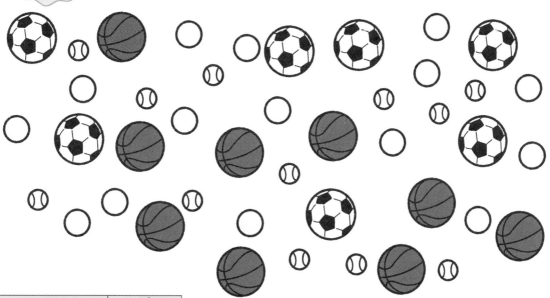

ボールのしゅるい	数
	こ
	こ
	こ
	こ

は　　より
3こ少ないよ。

集一

がいちばん少なくて、
がいちばん多いよ。

千由

かくされた言葉 パート2

集中力を あげるための じゅんび運動！

①～③の言葉について、にた意味の言葉をア～ウからえらんで、（　）に記号を書きましょう。

①いっぱい（　　　）　②じゅんじょ（　　　）
③目ひょう（　　　）

ア 目てき　　イ たくさん　　ウ じゅん番

集中力アップ 問題に ちょうせん！

□の中にある言葉の、にた意味の言葉をあとの表からさがして、〇でかこみましょう。上から下か、左から右に読みます。

おりる	ねる	とじる	しゃべる	さわる	上る
開く	にぎる	心配	しょう来	じゅんび	道

今度は にた意味の言葉だよ。

きみたちは ふたごだから、「にている」は 得意だよね。

……。

か	つ	せ	む	け	み	せ	く	ま	ね
ま	ね	に	ら	う	ら	さ	だ	ふ	は
み	む	ゆ	こ	れ	い	ず	る	に	な
ぼ	る	の	と	ぜ	へ	ふ	そ	え	す
ふ	し	に	あ	た	ら	あ	が	る	せ
れ	か	る	よ	ち	あ	ん	け	だ	り
る	す	ど	う	ろ	と	も	や	わ	は
か	さ	つ	い	わ	し	つ	か	む	い
ん	る	ん	ぬ	も	ほ	つ	で	こ	よ
あ	け	る	く	う	ん	づ	し	め	る

大きいのはどっち?

集中力を あげるための **じゅんび運動!**

次の数字を大きいものからじゅん番にならべかえて書きましょう。

| 63 | 102 | 97 | 129 |

(　　　　→　　　　→　　　　→　　　　)

集中力アップ 問題に ちょうせん!

大きいほうの数字をえらびながら、スタートからゴールまで線でたどりましょう。

数字の一部をかくしてやったぞ。どっちが大きいかわかるかな?

くらべる相手の同じくらいにある数字を、●に入れてみよう。
たとえば、493と4●2をくらべるなら、●に9を入れて、493と492。一のくらいの数をくらべてみると…どちらが大きいかな。

START!

493　4●2

6●7　605

799　7●1

1●0　191

808　8●9

おやすみ〜

GOAL!

多いほうを進め！

集中力を
あげるための
じゅんび運動！

画数が多いほうの漢字を〇でかこみましょう。

① 女 ・ 五　② 青 ・ 車
③ 花 ・ 年　④ 名 ・ 町

集中力アップ
問題に
ちょうせん！

画数が多いほうを進んで、スタートからゴールまで線でたどりましょう。

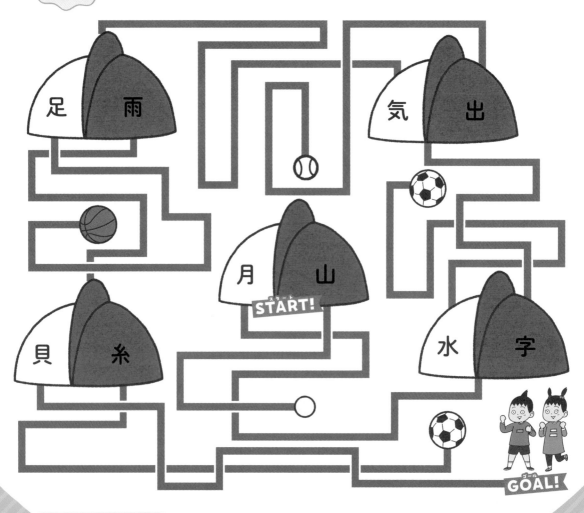

足　雨

気　出

月　山
START!

貝　糸

水　字

GOAL!

開くとどうなる？

とりくんだ日	月	日

集中力をあげるためのじゅんび運動！

---でおるとぴったり重なる形になるように、右がわの図をかきましょう。

れい

集中力アップ問題にちょうせん！

左の図のように2つにおったおり紙を、おり目のほうから ── の線にそって切りぬきます。開くとどんな形になるでしょうか。右の図から正しいものをえらんで、〇でかこみましょう。

切りぬく線の形をよく見て考えてみよう！

❶
おり目
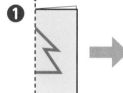

❷
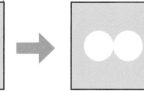  

おり紙を開いたとき、おり目の左がわと右がわの形はどうなるかな。

❸
 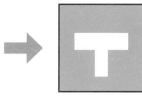  

▶こたえはべっさつ6ページ［算数］ 集中力レベル ★★　33

きせつの言葉でクロスワード

集中力を あげるための **じゅんび運動！**

次の言葉をきせつに分けて書きましょう。

| いねかり　　こたつ　　もみじ　　ひな祭り　　たなばた |

春（　　　　　　　　　　　　） 夏（　　　　　　　　　　　　　　）
秋（　　　　　　　　　　　　） 冬（　　　　　　　　　　　　　　）

集中力アップ 問題に **ちょうせん！**

たてのかぎ は上から下に、 **よこのかぎ** は左から右にますをうめる言葉のヒントです。35 ページのますには、どんな言葉が入るでしょうか。また、□ に入る文字をAからじゅん番にならべると、どんな言葉ができるかな。すべてひらがなで書きましょう。小さく書く文字も大きく書きます。

たてのかぎ

① 冬に雪で作ります。ひっくり返したバケツをぼうし代わりにするのが定番。

② 春にとれます。せい長すると竹になります。

④ 大きな花がとくちょうの、夏を代表する植物。花の真ん中の丸い部分は茶色、まわりの花びらは黄色です。

⑥ 秋になるとおいしい食べ物。しいたけ、まつたけなどが代表的。

⑦ そりに乗ったおじいさんがプレゼントを運んでくる日。えんとつそうじをおわすれなく。

⑧ わらなどであんだ夏用のぼうし。つばが大きめで、リボンをまいてあるものもあります。

⑨ 夏においしく食べられる赤い野さい。サラダやスープ、パスタのソースにも使われます。

⑪ さつまいもを土からほること。秋の遠足で行ったことがある人も多いのでは？

⑬ 十五夜にまん月をかんしょうする行事です。すすきをかざったりだんごなどをそなえたりすることもあります。

よこのかぎ

① 和服の一種です。夏祭りやぼんおどりのときに着たことがある人も多いはず。

③ スイッチを入れると羽根が回って風が出てくるきかい。外出したときに使える小さいものも人気です。

⑤ せつ分のとき、おにを追いはらうためにまめをまく行事。

⑧ せみやかぶとむしなどをとること。夏になると虫かごやあみを持って公園などに行く人も多いです。

⑩ こどもの日にかざります。風があると泳いでいるすがたを見ることができます。

⑫ おせち料理を食べたり、はつもうでに行ったりして、新しい年をむかえたことをいわう行事。

⑭ 1年のさい後の日のこと。年こしそばを食べる習かんがあります。

1年で一番楽しみにしているものだ。

わたし、このために1年間がんばってやりすごしてる。

ぼくはがんばってないけど一番楽しみにしてる。

	A		B		C		D		E

正しいのは だれだ

集中力を
あげるための
じゅんび運動！

今の時こくは1時30分です。次の時こくは何時何分ですか。
□ に書きましょう。

① 2時間あと

時	分

②15分前

時	分

③ 1時間前

時	分

集中力アップ
問題に
ちょうせん！

右の3人のうち、正しいことを言っている人を
○でかこみましょう。

まずは今が何時か
たしかめよう。

❶ 今の時こく

えい画が始まるのは今から1時間30分あとだよ。

えい画が始まるのは…

3時だね。

3時半だよ。

4時だぜ。

❷ 今の時こく

今から宿題を1時間したあと、ゲームを30分するよ。

ゲームを終えるのは…

4時25分だぜ。

5時5分だよ。

5時15分だね。

❸ 今の時こく

今から動画を20分見たあと、レストランへ行くぞ。レストランまでは歩いて30分だ。

レストランに着くのは…

12時5分だよ。

11時50分だよ。

12時20分だね。

言葉のたし算

集中力をあげるための**じゅんび運動！**

2つの言葉を組み合わせて1つの言葉にして、（　　）に書きましょう。

① うで ＋ 時計　　（　　　　　　　　　）
② わすれる ＋ 物　（　　　　　　　　　）
③ 歩く ＋ 出す　　（　　　　　　　　　）

集中力アップ問題にちょうせん！

2つの言葉を組み合わせて、1つの言葉を作ります。
[　　　]をうめましょう。

❶ 読む ＋ 始める ＝ [　　　　　]

❷ 細い ＋ 長い ＝ [　　　　　]

❸ 人 ＋ 助ける ＝ [　　　　　]

❹ 放る ＋ [　　　　　] ＝ 放り投げる

❺ [　　　　　] ＋ 暗い ＝ うす暗い

❻ [　　　　　] ＋ 角 ＝ 曲がり角

❼ [　　　　　] ＋ [　　　　　] ＝ たどり着く

❽ [　　　　　] ＋ [　　　　　] ＝ 暑苦しい

❾ [　　　　　] ＋ [　　　　　] ＝ 時間切れ

おれは
運動＋きらい
＝ウンドウギライーだ！

文字が出てくる数字パズル

集中力を あげるための じゅんび運動！

次の計算をしましょう。

① 12+8 = [　]　② 29-6 = [　]

③ 30+50 = [　]　④ 60-10 = [　]

集中力アップ 問題に ちょうせん！

次の計算をしましょう。また、計算の答えと同じ数字のますをぬりつぶしましょう。どんな文字が出てくるでしょうか。

くらえ！　計算拳！

55-35 = [　]

9-5 = [　]

18-5 = [　]

42-12 = [　]

16+3 = [　]

60+40 = [　]

27-16 = [　]

36-26 = [　]

21+33 = [　]

51	14	30	60	8
4	55	11	23	13
81	40	100	39	91
70	10	16	20	24
54	12	64	46	19

くっ…、 ま、負けるもん か〜！

ウンドウギライーからの手紙

集中力を あげるための じゅんび運動！

①〜③と同じはたらきのつなぎ言葉をア〜ウからえらんで、（　　）に記号を書きましょう。

①そして（　　　）　　②しかし（　　　）　　③それとも（　　　）

| ア それから　　イ または　　ウ でも |

集中力アップ問題にちょうせん！

ウンドウギライーから、手紙がとどきました。A・B・C に入る内ようをあとからえらんで、（　）に記号を書きましょう。

おれはウンドウギライー。運動がすきではない。しかし実は、こんなおれでもてき度な運動はひつようだと思っている。

おまえたちは全然運動をしていないようだが、運動しないとどうなるか、知っているか？

A （　　　　　）

B （　　　　　）

C （　　　　　）

だれかさんみたいに、夜ふかしをしてはいけないぞ。

ウンドウギライーより

ウンドウギライーのやつ、心配してくれてるのかな。

意外といいヤツじゃん。

ア〜ウのさいしょのつなぎ言葉に注目するといいよ。

ア　さい後に、病気の原いんにもなりかねない。心身ともにけんこうでいるためには、バランスのよい食事やすいみんも大切だ。

イ　まず、体力が落ちて身体活動量が低下するだろう。すると、きん肉をはたらかせる力や長く運動することができる力が落ちてしまう。

ウ　次に、ストレスがたまるようになる。ストレスがたまると、イライラしたり集中力をたもてなくなったりするぞ。

かくされた数

集中力を あげるための **じゅんび運動！**

記号でかくされた数を □ に書きましょう。1つの記号には、1〜9の うち、いずれかの数が入り、同じ記号には同じ数が入ります。

▼＋▼＝6　　　　▲＋▲＝8　　　　10 − ■ ＝ ■

★−3+3＝★　　　3+◎+◎＝7　　　◆−◆+◆＝7

▼ ▲ ■ ★ ◎ ◆ □

集中力アップ 問題に ちょうせん！

記号でかくされた数を □ に書きましょう。
・1つの記号には、1〜9のうち、いずれかの数が入ります。
・それぞれの問題で、同じ記号には同じ数が入り、ちがう記号に同じ数は入りません。

❶ 9−◆＝7
　　♥＋5＝9
　　◆＋♥＝♣

◆ □ 　♥ □ 　♣ □

❶は上の式からじゅん番に 考えるとわかりそうだね。

❷ ★＋5＝14
　　★＋◎＝10
　　★−◎＝▼

★ □ 　◎ □ 　▼ □

❸ ▲▲＋▲＝▲6

▲ □

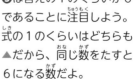
❸は答えの1のくらいが6 であることに注目しよう。 式の1のくらいはどちらも ▲だから、同じ数をたすと 6になる数だよ。

❹ 4■＋■＝■0

■ □

どれがだれの お弁当？

集中力アップ
問題に
ちょうせん！

次の文章を読んで、くまさん、かばさん、うさぎさん、
アルパカさんのお弁当をあとからえらんで、（　）に
記号を書きましょう。

今日は待ちに待った遠足です。
　くまさんは、お父さんが作ってくれたお弁当をリュックに入れながら聞きました。
「ねえ、お父さん。からあげ入れてくれた？」
「もちろんだよ。たくさん入れておいたから、友だちと分けて食べるといいよ」
　くまさんはうれしくて、思わずお父さんにだきついてしまいました。

　今日はとても気持ちのいい天気です。遠足びよりとはこういう日のことを言うんだなと、
くまさんは思いました。
「みなさん、ここでお昼ごはんにしましょう！」と、先生が言うと、くまさんは、かばさんとうさ
ぎさん、アルパカさんといっしょにお弁当を広げました。
「わあ、おにぎりだ！　コロッケも入ってる！　ママの作るコロッケはとてもおいしいんだよ。
うさぎさん、１つどうぞ」
「ありがとう、かばさん。お返しにこれ、どうぞ」
　うさぎさんは、かばさんにたこの形をしたウインナーをあげました。
「アルパカさん、からあげ食べない？　お父さんがいっぱい作ってくれたんだ」
「わぁ、おいしそう！　じゃあわたしのおかずと交かんしましょう」
「ハンバーグ、たまごやき……。どれもおいしそうでまようなぁ」
　みんなで食べるお弁当はさい高です。
　くまさんは、毎日遠足ならどんなに楽しいだろうと思いました。

だれの発言か、
１つずつていねいに
たしかめよう。

ア　　　　　　　イ　　　　　　　　ウ　　　　　　　エ

くまさん（　　）　　かばさん（　　）　　うさぎさん（　　）　　アルパカさん（　　）

だれのめがね？

おれのめがねを
まぎれこませて
やったぜ〜。

集中力を
あげるための
じゅんび運動！

次のたし算とひき算をしましょう。

①26 +2= ☐　　②51 +3= ☐　　③71 +8= ☐

④45 −4= ☐　　⑤67 −2= ☐　　⑥39 −7= ☐

集中力アップ
問題に
ちょうせん！

答えが同じになるたし算とひき算を線でつなぎましょう。あまったもの
がウンドウギライーのめがねです。記号をあとの☐に書きましょう。

35 +2	22 +5	23 + 2	31 +3	25 + 1

29 −2	27 − 1	39 −2	27 −2	34 − 3	37 − 3
ア	イ	ウ	エ	オ	カ

ウンドウギライーのめがねは ☐

正かいをぬりつぶせ！ パート2

とりくんだ日　　月　　日

集中力をあげるための**じゅんび運動！**

漢字と送りがなを（　　）に書きましょう。

①おおきい（　　　　　　　　　）　　②ただしい（　　　　　　　　　）

③やすむ　（　　　　　　　　　）

集中力アップ問題にちょうせん！

送りがながただしいほうの記号をえらんで、その記号が書かれたますをぬりつぶしましょう。どんな絵が出てくるかな。

まなぶ	ア 学ぶ / イ 学なぶ	たてる	ウ 立る / エ 立てる	うまれる	オ 生まれる / カ 生れる	あける	キ 空ける / ク 空る

ウ	カ	イ	ウ	イ	ア	キ	イ	カ	ク	カ	ウ
カ	ウ	ク	カ	オ	キ	エ	オ	ク	ウ	イ	ク
ク	イ	カ	ウ	ア	エ	カ	キ	ア	エ	ク	イ
カ	ウ	ウ	イ	エ	オ	ア	エ	キ	カ	ウ	カ
ア	エ	ク	カ	オ	キ	エ	オ	カ	イ	キ	ア
キ	オ	キ	ア	キ	オ	キ	ア	キ	オ	エ	オ
ウ	ア	オ	エ	オ	キ	エ	オ	ア	エ	ア	ウ
カ	ウ	エ	ア	キ	ア	オ	ア	エ	オ	ク	カ
ク	オ	キ	カ	オ	エ	イ	オ	キ	ウ	エ	イ
イ	エ	ク	ア	ク	ウ	キ	カ	イ	エ	オ	カ
ク	ア	イ	ク	イ	カ	ク	ウ	ク	イ	キ	ウ
カ	キ	カ	ウ	カ	ク	ウ	カ	イ	ウ	ア	イ
ウ	イ	エ	イ	ク	ク	カ	イ	ク	エ	ク	カ
ク	ウ	カ	キ	ウ	カ	ク	ウ	オ	カ	ウ	イ
イ	ク	ウ	イ	ア	オ	ア	エ	ウ	ク	イ	ウ

わっ、何かがうまれた！

ふたごではなさそうだね。

どんな形?

集中力を あげるための じゅんび運動!

三角形をすべて〇でかこみましょう。

集中力アップ 問題に ちょうせん!

次の絵から四角形をさがして、記号を書きましょう。

身近なものも、よく見るといろんな形をしているね。

ア

イ

ウ

エ

オ

カ

キ

ク

ケ

コ

四角形

とりくんだ日　　　月　　　日

あげるための
じゅんび運動！

重いほうを〇でかこみましょう。同じ場合は、真ん中に×をかきましょう。

① 　　② 　　③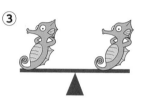

集中力アップ
問題に
ちょうせん！

重さをくらべましょう。

❶ いちばん重いのはどれですか。
下の絵を〇でかこみましょう。

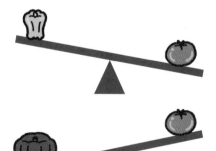

❷ れい のように、りんご2ことみかん
3こは同じ重さです。
では、下のような場合はどうでしょう
か。重いほうを〇でかこみましょう。同
じ場合は、真ん中に×をかきましょう。

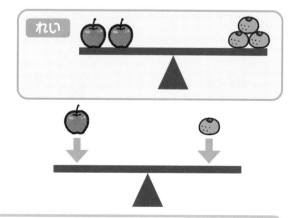

みかん1こを半分に切ってみたよ。
りんご1こと同じ重さは、
みかん1こと、あとは……

ようすを表す言葉で クロスワード

集中力を あげるための じゅんび運動！

あてはまる言葉をア〜エからえらんで、（　　　）に記号を書きましょう。
① おなかがすいているようす　（　　　）
② 体がふるえているようす　　（　　　）

| ア　ブルブル　　イ　スヤスヤ　　ウ　ペコペコ　　エ　ポカポカ |

集中力アップ 問題に ちょうせん！

たてのかぎ は上から下に、 よこのかぎ は左から右にますをうめる言葉のヒントです。47ページのますには、どんな言葉が入るでしょうか。また、□ に入る文字をAからじゅん番にならべると、どんな言葉ができるかな。すべてカタカナで書きましょう。小さく書く文字も大きく書きます。

たてのかぎ

① えんとつからけむりが○○○○と上がっている。
③ ねぼうしてあわてて家をとび出した。チャイムと同時に着せきして、○○○○セーフだ。
⑥ 海の上で○○○○とゆれるボートに乗って、のんびりつりをするなんて、さい高の休日だ。
⑦ 遠くの空でかみなりが○○○○と鳴っている。
⑧ おもちのようにねばり気のある、○○○○とした食感のだんご。
⑨ 庭に植えたひまわりが○○○○育つ。
⑩ ひざをすりむいて、きずが○○○○いたむ。
⑫ ○○○○とした細かいすなが、指の間からこぼれ落ちた。

たてのかぎ、よこのかぎだけではなく、前後のますもヒントにして考えよう。

よこのかぎ

② 明日は運動会。きんちょうしてドキドキするけど、どちらかと言えば楽しみで○○○○するよ。
④ ごはんのおかわりはたくさんあるから、○○○○食べてね。
⑤ 中身が○○○○○○につまったふくろ。
⑧ 歯が生えて何でも食べられるようになった妹は、○○○○と口を動かして、いつもおいしそうに食べている。
⑪ もう出かける時間だ。○○○○していると、おいていくよ。
⑬ 弟の部屋はちらかり放題。○○○○○○としていて、どこに何があるのか全くわからない。
⑭ 夜空に星が○○○○と光る。

これ、ぼくが
すきなやつだ。

色もかわいいし、
あまくておいしいよね。

	A		B		C		D		E

□に入る文字をすい理しよう

はっはっは。
何と書いてあるのか、
おまえたちに
わかるかな？

とりくんだ日　　　月　　　日

集中力を
あげるための
じゅんび運動！

□に入るひらがなを、あとからえらんで書きましょう。

①しゅういち□ちゆは、ふたごだ。

②あなたは、どちらがいいです□。

③そこにおいてあるタオル□持ってきてください。

を	と	か

集中力アップ
問題に
ちょうせん！

□にひらがな1文字を入れて、文をかんせいさせましょう。

1つの文の中の□には、同じひらがなが入ります。

❶ きみとそ□はなしをした□は、き□う□ことだ。

❷ じゅぎょう□おわったのはごご2じだった□、おん
□くしつで□っしょうのれんしゅうをしたので、□っ
こうをでたのは4じすぎだった。

❸ いもうと□かしたほんは、なつやすみ□ちち□かっ
てもらったものだ。

❹ あいてが□んわに□なかったの□、□んごん
をたのんだ。

とりくんだ日　　月　　日

集中力を
あげるための
じゅんび運動！

□ にあてはまる数字を書きましょう。

① 2　4　□　8　10　12
② □　13　16　19　22

集中力アップ
問題に
ちょうせん！

□ に入る記号を書きましょう。また、あとの『暗号をとくかぎ』を使って記号を文字に直し、暗号をときましょう。暗号をとくと、集一と千由のすきなきゅう食のメニューがわかります。

○ ✕ ○ ✕ ○ ✕ ○ ✕ ○ ✕ ○ ①□ ○ ✕ ○ ✕

▲ ◆ ◆ ▲ ◆ ②□ ▲ ◆ ◆ ▲ ◆ ◆ ▲ ◆ ◆ ▲

③□ ◎ ♥ ♥ ◎ ♥ ♥ ♥ ◎ ◎ ♥ ♥ ◎ ♥ ♥ ♥

▼ ★ ▼ ★ ★ ▼ ▼ ★ ▼ ④□ ★ ▼ ▼ ★ ▼ ★ ★ ▼ ▼ ★ ▼ ▼ ★

暗号をとくかぎ

○→か　✕→あ　▲→は　◆→げ　◎→ぱ　♥→め　★→ん　▼→ら

どういう決まりで記号が
ならんでいるのか、
じっくり見てみよう。

①	②	③	④

▶こたえはべっさつ 10 ページ ［算数］ 集中力レベル ★★ 　　49

ウンドウギライーの部屋

ウンドウギライーの部屋？

きょう味ないわー。

集中力アップ
問題に
ちょうせん！

文章を読んで □ に入る言葉を考え、
その絵を○でかこみましょう。

　おれの名前はウンドウギライー。その名のとおり、運動がすきではない。はげしい運動をしているやつらを見ると、頭がいたくなる。ただし、てき度な運動はけんこうのためにもひつようだ。

　おれのすきな食べ物はポテトチップス。すきな色は赤。休日は動物の動画をみてすごすことが多い。

　友人のヨフカシーやメンドクサーとは、たまにおれの部屋に集まって食事をするなかだ。かれらとは仕事なかまだが、集中しているやつを見るとじゃましたくなるという点で気が合う。

　さて、おれの部屋を見たいというリクエストがあったので、しょうかいしておこう。

　この部屋には □ が2つある。おれは毎日使っている。使うたびにきれいにするのは少々めんどうくさいがしかたがない。これは最近買ったもので、おれのすきな色なのだ。

　ヨフカシーとメンドクサーがいっしょに来たときには、1つ足りないので、持ってきてもらうことにしている。日々のくらしにはかかせないものだから、われてしまわないように、大切に使っているぞ。おまえたちも物は大切にするのだ。

この間、ヨフカシーと
メンドクサーを動物園
にさそったぞ。

ウンドウギライー
ダイアリー
の日記

集中力を
あげるための
じゅんび運動！

時こくの進むじゅん番になるように、ア～カをならべかえましょう。
ア 午前7時　　　　イ 午後1時　　　　ウ 午後10時
エ 午前10時　　　オ 午後5時　　　　カ 午後2時

じゅん番（　ア　→　　　　→　　　　→　　　　→　　　　→　　　　）

集中力アップ
問題に
ちょうせん！

ウンドウギライーの日記がバラバラになってしまいました。1日の中で時こくの進んだじゅん番にならべかえて、ア～カの記号を書きましょう。

ア　午前11時30分に動物園に着いた。イベントの予定を見ると、ペンギンのおさん歩が午後1時からだ。ぜったいに見たい。先に昼ごはんをすませることにしよう。

イ　やくそくした午前10時にふたりが来ない。ヨフカシーはねぼうだろう。メンドクサーに電話をしたら、めんどうくさいから行かないと言われた。

ウ　昼ごはんはおれの手作りおにぎりボールだ。具はかつお、こんぶ、ツナマヨの3しゅるい。おくれてやってきたヨフカシーは昼ごはんから合流。おにぎりボールをおいしそうに食べていたぞ。

エ　午後3時半、園内のグッズ売り場へ行った。オレは自分にナマケモノのキーホルダーを、メンドクサーにゾウガメのぬいぐるみを買った。

カ　ペンギンのおさん歩の時間だ。通り道のまわりには人がいっぱいだ。スマホでかわいい動画がとれたぞ。メンドクサーに自まんしよう。

オ　午後6時、帰たく。ひさびさの外出は楽しかったが少しつかれた。お気に入りのカップでミルクを飲みながら、ペンギンの動画をみよう。

日記の内ようをよく読み、
午前と午後にも注意して
ならべてみよう。

じゅん番（　　　→　　　　→　　　　→　　　　→　　　　→　　　　）

勉強前の運動で レベルアップ！

レベル2も
クリアできたよ。

たっせい感
あるね。

調子に乗るな。
おまえたちは
まだまだだ。

勉強の前に運動をすればもっと…はっ！　しまった！

勉強の前に運動すると集中力がアップすると聞いたのですが、本当ですか？

はい、本当です。運動した場合としなかった場合では、集中力がちがいますよ。

でも、運動は長時間しないと意味がないでしょう？運動のあとに集中なんてできるでしょうか。

勉強する15〜20分前に体を動かせばよいですよ。科学的にしょう明されているのでご安心ください。

短時間でよいといっても、ハードな運動ですよね？

いいえ、さん歩やランニング、ヨガ、きん肉トレーニング…。軽い運動がこうか的です。

いいこと聞いたね。

えがおになるとやる気が出るし、せすじをのばすと集中力がアップするよ。

おれとしたことが…。こうなったらもうあいつしかいない！　メンドクサー、たのんだぞ！

集中力レベル**3**へ！

とりくんだ日　　月　　日

集中力を
あげるための
じゅんび運動！

色のついた部分は何画目ですか。数字を書きましょう。

① 中 (　　画目)　② 出 (　　画目)　③ 花 (　　画目)

集中力アップ
問題に
ちょうせん！

色のついた部分が2画目と4画目の漢字をえらんで、スタートから進むとき、ゴールはどこでしょうか。記号を〇でかこみましょう。

START!　　　　　　　　　　　　　　　　　　　ア

竹	虫	口	七	手	右
耳	生	年	足	町	雨
白	先	小	校	立	金
休	空	村	日	左	糸
玉	水	女	名	学	音
貝	気	文	入	四	車

イ　　　　　　　　　　　　　　　　　　　　ウ

書きじゅんをしっかりおぼえることは、漢字を正しく書けるようになるために大切なことだよね。

▶こたえはべっさつ 11 ページ ［国語］ 集中力レベル ★★★　　53

四方計算パズル

集中力を あげるための じゅんび運動！

次の計算をしましょう。

① 59 + 22 = ☐　　　　② 71 − 48 = ☐

③ 220 + 17 = ☐　　　④ 463 − 23 = ☐

⑤ 236 + 59 = ☐　　　⑥ 152 − 33 = ☐

集中力アップ 問題に ちょうせん！

真ん中の☐から上下左右に4問の計算をします。真ん中の☐から左にたし算、右にひき算、上にたし算、下にひき算です。
すべての式が正しいものになるように、☐に数字を入れましょう。

れい

```
        56
        ‖
        9
        +
59 = 12 + [47] − 21 = 26
        ‖
        17
        ‖
        30
```

☐ + 9 = 56
☐ + 12 = 59
☐ − 21 = 26
☐ − 17 = 30
☐に入る数字を考えよう。

❶
```
        287
        ‖
        19
        +
280 = 12 + [ ] − 56 = 212
        ‖
        29
        ‖
        239
```

見た目に まどわされないで！

❷
```
        181
        ‖
        17
        +
196 = 32 + [ ] − 13 = 151
        ‖
        35
        ‖
        129
```

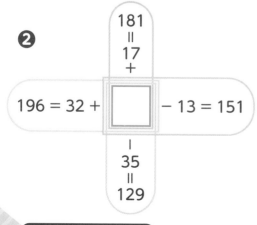

❸
```
        375
        ‖
        28
        +
390 = 43 + [ ] − 39 = 308
        ‖
        18
        ‖
        329
```

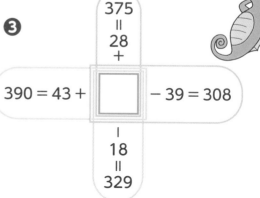

分身のじゅつで
じゃましてやる
クサー！

メンドクサーを
かいくぐれ！

とりくんだ日 　　月　　日

集中力を
あげるための
じゅんび運動！

読み方が正しいほうの記号を〇でかこみましょう。

①王子　　　（ ア おおじ　　　イ おうじ　　　）
②三日月　　（ ア みかづき　　イ みっかづき ）
③見学　　　（ ア みがく　　　イ けんがく　　）
④糸車　　　（ ア ししゃ　　　イ いとぐるま ）

集中力アップ
問題に
ちょうせん！

集一と千由のうち、漢字を正しく読んでいるのはどちらでしょうか。
正しいほうをえらんで、スタートからゴールまで線でたどりましょう。

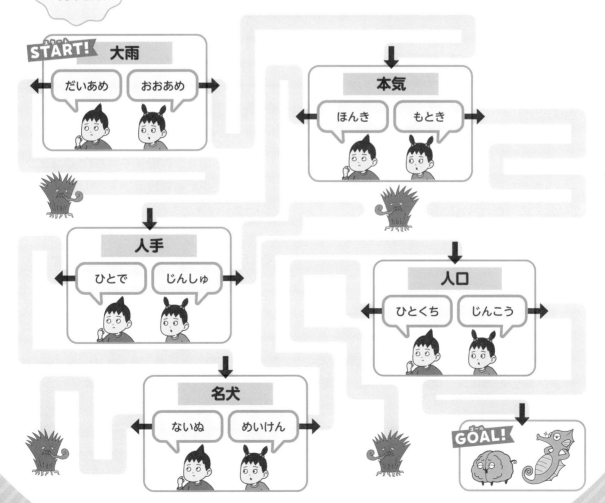

START! 大雨
だいあめ　　おおあめ

本気
ほんき　　もとき

人手
ひとで　　じんしゅ

人口
ひとくち　　じんこう

名犬
ないぬ　　めいけん

GOAL!

「だれが」「どうした」の クロスワード

集中力を あげるための じゅんび運動！

次の文の「だれは」にあたる言葉には____、「何だ」「どうした」「どうする」にあたる言葉には____を引きましょう。

①集一は本を読むのが苦手だ。

②わたしはうどんではなくそばをえらんだ。

③兄は毎朝6時からトレーニングをする。

集中力アップ 問題に ちょうせん！

たてのかぎ は上から下に、よこのかぎ は左から右にますをうめる言葉のヒントです。57ページのますには、どんな言葉が入るでしょうか。また、□に入る文字をAからじゅん番にならべると、どんな言葉ができるかな。すべてひらがなで書きましょう。小さく書く文字も大きく書きます。

たてのかぎ

② 「わたしにはかれの気持ちが全く理かいできない。」の「だれは」にあたる言葉は？

③ 「君のためならどこまでも行くよ、ぼくは。」の「だれは」にあたる言葉は？

⑤ 「それはわたしのわかいころの写真よと、母が言った。」の「どうした」にあたる言葉は？

⑦ 「なっとうは、大豆を発こうさせたけんこう食品だ。」の「何は」にあたる言葉は？

⑧ 「小さいときから使っているこの毛布だよ、妹のお気に入りは。」の「何だ」にあたる言葉は？

⑩ 「かれのたのみを、ぼくはきっぱりことわった。」の「どうした」にあたる言葉は？

よこのかぎ

① 「あたたかくて天気がよいので、子どもたちが公園をかけ回っている。」の「どうする」にあたる言葉は？

④ 「集一はきのうもまた、算数の宿題をわすれた。」の「だれは」にあたる言葉は？

⑥ 「あなたが聞いたその話は、全部作り話です。」の「何は」にあたる言葉は？

⑨ 「友だちこそが、ぼくの一番大切なものだ。」の「だれが」にあたる言葉は？

⑪ 「おそらく父は首をよこにふるだろう。」の「どうする」にあたる言葉は？

「だれが（は）」「何が（は）」にあたる言葉は、「どうする（どうした）」「どんなだ」「何だ」にあたる言葉を先にさがすとわかりやすいよ。

ぼくがひそかにあこがれている人の名前が答えだクサー。

あこがれている人…。

じっさいにはいなかった人だよね？

	A	B	C	D	E

メンドクサーの おつかい

とりくんだ日　　　月　　日

- ●バナナ
- ●あしたのパン
- ●きれいなもよう のふうとう
- ●びんせん

集中力アップ 問題に ちょうせん!

次の文章を読んで、
あとの問題に答えましょう。

　メンドクサーは、ウンドウギライーから1000円と右のような買い物メモをわたされました。「あまったお金はおこづかいにしてやるから、おつかいたのむわ。」

「ウンドウギライーは人使いがあらいなぁ。こうなったらせめておこづかいをいっぱいもらえるように買い物するクサー。」

　まずはスーパーややおやさんをいくつも回って、バナナがいちばん安いお店をさがしました。すると、歩いて30分のところにあるスーパーで、1ふさ140円で売られているのを見つけました。「これは安い!」わざわざ30分歩いてきたかいがあり、バナナを1ふさ買いました。

　次にパン屋さんへ向かったメンドクサー。

「たしかウンドウギライーは、このお店のクリームパンがお気に入りだったはず。」

　120円のクリームパンと120円のあんパンを1つずつ買うと、お店の人がジャムパンを1つくれました。

「おつかいのごほうびだ!」メンドクサーはうれしくなりました。

「あとはふうとうとびんせんか。商店街にある文具店に行ってみよう。」

　買い物メモには『きれいなもようのふうとう』とあります。

「きれいなもようって草花のこと? そうか、ウンドウギライーはぼくのような草花がすきなんだクサー。なんだ、早く言ってくれればいいのに。」

　文具店で花のもようの230円のふうとうと、真っ白な110円のびんせんを1つずつ買ったメンドクサーは、ウンドウギライーの待つ家へと、いそいで帰りました。

「お、思っていたよりおつりが多いな。じゃあおまえには90円だけやろう。のこりは返せ。」

「全部くれるんじゃなかったの? 話がちがうクサー! ウンドウギライーはただのケチだクサー!」

問題

メンドクサーがウンドウギライーに返した
お金は何円ですか。
□に書きましょう。　　　　　　　　　円

ウンドウギライーは
いったいだれに手紙を
書くつもりなんだクサー。

集中力を
あげるための
じゅんび運動！

リバーシゲームの遊び方
①表が黒、うらが白の石があります。
②黒と黒にはさまれた白い石を、ひっくり返して黒にかえることができます。
③たて、よこ、ななめにはさまれた石を、すべてひっくり返すことができます。
④1つもひっくり返せないますには、石をおくことができません。

問題　黒い石をおけるますはどこですか。
空いているますの中に石を書きこみましょう。

集中力アップ
問題に
ちょうせん！

リバーシゲームをします。
空いているますに黒い石を1つだけおいて、できるだけたくさん黒い石にするには、どこにおくのがよいでしょうか。ますの中に石を書きこみましょう。

❶

❷

❸

いちいちひっくり返すなんて、めんどうくさいゲームだクサー。

あてはまるのは だれだ

とりくんだ日 　月　　日

集中力を あげるための **じゅんぴ運動！**

空らんをうめましょう。

	自分に近い		相手に近い		どちらからも遠い		わからない	
物事	これ	この	それ		あれ	あの		どの
場所			そこ				どこ	
方向		こっち	そちら	そっち	あちら	あっち	どちら	
ようす	こう	こんな		そんな	ああ		どう	どんな

集中力アップ 問題に ちょうせん！

しつ問に合う答えを言っているのはだれですか。〇でかこみましょう。

こそあど言葉に注目しよう。

❶ だれかのタブレットを見つけたよ。

たっちゃんが持っているのはだれのタブレット？

それはぼくのだクサー。

ぼくのはどれかな。

❷ ここはだれの部屋だろう？

集一がいるのはだれの部屋？

そこはわたしの部屋だよ。

おれの部屋はどこだクサー。

❸ わたしはどうすればいい？

千由に、自分のところに来てほしいと言っているのは？

あっちに行くんだクサー。

こっちに来てよ。

そっちに行くよ。

等しく分けよう

集中力を あげるための じゅんび運動!

右の図に2本の直線を引いて、同じ大きさの三角形を4つ作りましょう。

集中力アップ 問題に ちょうせん!

集一、千由、たっちゃん、大ちゃん、メンドクサーの5人で、ケーキを切り分けることになりましたが、みんなで等しく分けることがむずかしいため、集一、たっちゃんが意見を出しました。ふたりの発言に合うように、ケーキを直線で切りましょう。ケーキはそれぞれ、同じ大きさになるように切り分けましょう。

㋐のケーキを1回だけ切って2つに分け、じゃんけんに勝ったふたりだけが食べよう。

㋐

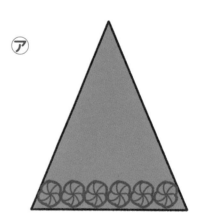

㋑のケーキは4回切ろう。5人で分けて、のこった3切れを食べる人をじゃんけんで決めよう。

㋑

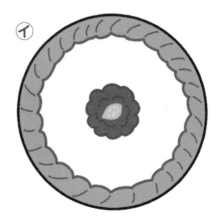

じゅん番にならべかえよう

集中力を あげるための じゅんび運動！

- ●国語じてんは、言葉の意味をせつ明しているものです。
- ●言葉は、あいうえおじゅんにならんでいます。
　1 文字目をくらべる ➡ 1 文字目が同じ場合は 2 文字目をくらべる
　…のように、じゅん番にくらべていきます。

　れい　カメラ ➡ すいか ➡ たいこ　のじゅん番にならべる
　　　　　ことができます。

- ●「ひ・び・ぴ」は、「ひ」➡「び」➡「ぴ」のじゅん番にならんでいます。

　れい　ひざ ➡ ビザ ➡ ピザ　のじゅん番にならべること
　　　　　ができます。

- ●「メンドクサー」のようにのばす音は、「メンドクサア」のように、「あ
　いうえお」におきかえます。

　れい　しいたけ ➡ シーツ ➡ したじき　のじゅん番になら
　　　　　べることができます。

問題　国語じてんに出てくるじゅん番に、（　　）に数字を書きましょう。

　ふじ（　　　）　　ぶじ（　　　）　　ぶし（　　　）

集中力アップ 問題に ちょうせん！

カードに書かれた言葉を、国語じてんにのっているじゅん番にならべて、記号を書きましょう。

1 文字ずつていねいにくらべていってね。

❶　ア ぺらぺら　イ へらへら　ウ べらべら　（　　→　　→　　）

❷　ア ベビー　イ ヘビー　ウ へび　（　　→　　→　　）

❸　ア ぶり　イ ふり　ウ フリー　（　　→　　→　　）

❹　ア チーズ　イ ちず　ウ チーム　（　　→　　→　　）

絵つなぎゲーム

集中力を
あげるための
じゅんび運動！

絵つなぎゲームの遊び方
①同じ絵どうしを線でつなぎます。
②線は、空いているますをたて、よこ、直角に
　通るように引きます。ななめには引けません。
③空いているますすべてに線が通るように引きます。
④線は同じますに2本引くことはできません。
⑤絵がかいてあるますに線を引くことはできません。

このように直角
でもいいよ。

問題　絵つなぎゲームをしましょう。

集中力アップ
問題に
ちょうせん！

絵つなぎゲームをしましょう。

❶

❷

❸

すべての絵を線で
つなぐには、どう
すればいいかな…。

言葉を作ろう

集中力を
あげるための
じゅんび運動！

次の中から漢字2文字をえらんで組み合わせ、言葉を1つ作りましょう。

①日　貝　犬　休（　　　　　　）

②左　花　校　見（　　　　　　）

③本　空　青　入（　　　　　　）

集中力アップ
問題に
ちょうせん！

12この漢字をすべて使って、漢字2文字の言葉を6つずつ作りましょう。
一度使った漢字は使えません。

❶

目	車
父	正　林
生	玉
山　水　月	
字	先

6つも作れる？

（　　　　）（　　　　）（　　　　）
（　　　　）（　　　　）（　　　　）

❷

夕	禾
木　足　音	
日	
川　学　草　見	
気　小	

言葉を作ったら、
声に出して読んでみよう。

（　　　　）（　　　　）（　　　　）
（　　　　）（　　　　）（　　　　）

だれが作った おかし？

 集中力を あげるための じゅんび運動！

下の図を真上から見ると、どんな形ですか。右からえらんで、○でかこみましょう。

集中力アップ 問題に ちょうせん！

次の図は、集一、千由、たっちゃん、大ちゃんが作ったおかしを真上から見たものです。どれがだれの作ったおかしの図でしょうか。線でつなぎましょう。ただし、おかしと線でつなげない図が1つあります。

 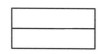

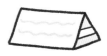

ぼくの作ったクサーイケーキの真上から見た図もあるぞ。まちがえたら食べてもらうクサー。

ダラダラーンへのプレゼント

新しいいすがほしい。

とりくんだ日　　　月　　　日

集中力アップ
問題に
ちょうせん!

次の文章は、ヨフカシー、ウンドウギライー、メンドクサーがダラダラーンへのたん生日プレゼントについて話し合っているようすです。プレゼントに決まったものを、あとのア〜エからえらんで、記号を書きましょう。

　来週はダラダラーンのたん生日。ヨフカシー、ウンドウギライー、メンドクサーの3人は、みんなでいすをプレゼントすることにしました。

　たくさんのカタログを手に、3人が話し合っています。

「メンドクサーはどれがいいと思う。」

「ダラダラーン様のようないげんのある方には、これがにあうクサー。」

　メンドクサーが指さしたものは、とても高級で立派なものでした。

「これは高くて買えないぞ。それよりこっちはどうだ。仕事がはかどる、集中できる、と書いてある。」

　ウンドウギライーは、べつのカタログを開きました。

「仕事がはかどる、集中できるなんて、ダラダラーン様の生活スタイルには合わないよ。ダラダラーン様はダラダラするのが大すきなんだ。」

と、ヨフカシーはまたべつのカタログを開きました。

「これはすわりごこちがよさそうだよ。足をのばしてくつろげるし、ねむたくなったら、せもたれをたおしてよこにもなれる。」

「さすがヨフカシー。いいものをえらぶね。これならいくらでもダラダラし放題だクサー。」

「寒がりのダラダラーン様のことだ。冬にこたつでくつろぐときにも使ってもらえるぞ。よし、これで決まりだ。」

ア

ねだん 86,000 円

イ

ねだん 8,000 円

ウ

ねだん 12,000 円

エ

ねだん 25,000 円

プレゼントは ☐

同じ道を通るなって？めんどうなことを言うクサー…。

プレゼントをゲットしろ！

とりくんだ日　　　月　　日

集中力アップ
問題に
ちょうせん！

すべてのプレゼントをゲットして、スタートからゴールまで線でたどりましょう。ただし、道もプレゼントも、1回ずつしか通ることができません。

START!

GOAL!

▶こたえはべっさつ14ページ ［算数］　集中力レベル ★★★

漢字で漢字を作る!?

集中力をあげるための**じゅんび運動！**

2つの漢字を組み合わせて、1つの漢字を作りましょう。

① 木 ＋ 木 ＝ （　　　　）

② 人 ＋ 木 ＝ （　　　　）← 「人」は少し形がかわるよ。

③ 立 ＋ 日 ＝ （　　　　）

集中力アップ問題にちょうせん！

カードに書かれた漢字を組み合わせて、4つの漢字を作りましょう。
カードの中には、使わない漢字もあります。

日	力	十	草
田	七	犬	林
夕	正	木	口

「くさ」というカードもまぎれこませてやったクサー。

使わないカードもあるの？
ややこしいことするなぁ。

めんどくさ度アップだよね。

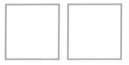

重さをくらべよう パート2

とりくんだ日　　月　　日

集中力をあげるための**じゅんぴ運動！**

いちばん重いものに〇をつけましょう。

 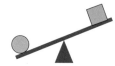 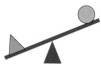

■（　　）
▲（　　）
●（　　）

集中力アップ問題にちょうせん！

ア〜カの6このつみ木があります。それぞれの重さをくらべたとき、次の図のようになりました。軽いものからじゅん番になるように、ア〜カの記号をならべかえて、□に書きましょう。

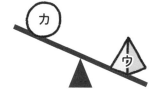

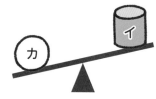

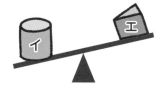

カは、**ウ**より軽いけど**イ**より重いね。
こんなふうに、1つずつ見くらべながら、ならべていこう。

軽い　←――――――→　重い

▶こたえはべっさつ15ページ　［算数］　集中力レベル ★★★　69

かくされた言葉 パート3

| とりくんだ日 | 月 | 日 |

集中力を
あげるための
じゅんび運動!

形のにた漢字に注意して、カタカナを漢字に直しましょう。
①オウ様は、②ヒャク円③ダマを④シロい紙の上においた。

① (　　　) 　② (　　　) 　③ (　　　) 　④ (　　　)

集中力アップ
問題に
ちょうせん!

それぞれ1つだけちがう漢字がまぎれています。
その文字を見つけて、あとの □ に1文字ずつ入れ、文を作りましょう。

❶
上	上	上	上	上	上	上	上	上
上	上	上	上	上	上	上	上	上
上	上	上	上	上	上	上	上	上
上	上	上	上	上	上	上	上	上
上	上	上	上	上	上	上	上	上
上	上	上	上	上	上	上	上	上
上	上	上	上	上	上	上	上	上
上	上	上	土	上	上	上	上	上
上	上	上	上	上	上	上	上	上

❷
目	目	目	目	目	目	目	目	目
目	目	目	目	目	目	目	目	目
目	目	目	目	目	目	目	目	目
目	目	目	目	目	目	目	目	目
目	目	目	目	目	目	目	目	目
目	目	目	目	目	目	目	目	目
目	目	目	目	目	目	目	目	目
目	目	目	目	目	目	目	目	目
目	目	目	目	目	目	目	目	目

❸
人	人	人	人	人	人	人	人	人
人	人	人	人	人	人	人	人	人
人	人	人	人	人	人	人	人	人
人	人	人	人	人	入	人	人	人
人	人	人	人	人	人	人	人	人
人	人	人	人	人	人	人	人	人
人	人	人	人	人	人	人	人	人
人	人	人	人	人	人	人	人	人
人	人	人	人	人	人	人	人	人

❹
字	字	字	字	字	字	字	字	字
字	字	字	字	字	字	字	字	字
字	字	字	字	字	字	字	字	字
字	字	字	字	字	字	字	字	字
字	字	字	学	字	字	字	字	字
字	字	字	字	字	字	字	字	字
字	字	字	字	字	字	字	字	字
字	字	字	字	字	字	字	字	字
字	字	字	字	字	字	字	字	字

❶ □ 曜 ❷ □ は ❸ □ ❹ □ 式だ。

とりくんだ日　　　月　　　日

集中力（しゅうちゅうりょく）を
あげるための
じゅんび運動（うんどう）！

記号（きごう）パズルの遊び方（あそびかた）
①○と×の記号（きごう）を使（つか）います。
②たてかよこに、同（おな）じ記号（きごう）がつづいてならぶのは
　2つまでとして、空（あ）いているますをうめます。
③ななめであれば、同（おな）じ記号（きごう）がいくつならんでも
　かまいません。

問題（もんだい） 空（あ）いているますに、○か×をかきましょう。

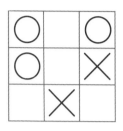

集中力（しゅうちゅうりょく）アップ
問題（もんだい）に
ちょうせん！

記号（きごう）パズルをします。空（あ）いているますに、○か×をかきましょう。

❶

❷

❸

○か×のうち、
どちらが入（はい）るかわかる
ますから、じゅん番（ばん）に
うめていこう。

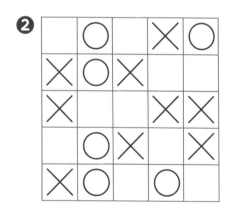

たからの地図

集中力を
あげるための
じゅんび運動！

れいにしたがって、「どんな」を表す言葉に＿＿＿を引きましょう。

れい 白い犬。

①大きな家。 ②でこぼこの道。 ③かなしそうな顔。

集中力アップ
問題に
ちょうせん！

たからの地図を見つけましたが、よごれて読めない部分があります。地図を手がかりにして読めない部分をかい読し、◯からあてはまる言葉をえらんで（　）に書きましょう。言葉は1回ずつしか使えません。

　日本からはるか南に、大きい島と小さい島がうかぶ海がある。　●①　　ほうの島には、海ぞくのたからがうまっている。

　島に着いたら、せの　●②　木がある港（⚓）から上りくしろ。そして、　●③　湖をぐるっと回り、　●④　道を進め。

　山々とはぎゃくの方向に進むと、太い道と細い道への分かれ道がある。たからがほしいなら　●⑤　道を歩いていくがよい。しばらくすると、広い岩場に出るだろう。

　●⑥　花がさいているあたりにある、大きな岩の下に、たからはうまっている。

| 小さい | 三角形の | 細い | 大きい | 青い | くねくねした |
| ひくい | 太い | 高い | 四角形の | まっすぐの | 赤い |

❶（　　　　　　　　　） ❷（　　　　　　　　　） ❸（　　　　　　　　　）

❹（　　　　　　　　　） ❺（　　　　　　　　　） ❻（　　　　　　　　　）

左の図を➡のほうに1回転がすと、れいのようになります。では、2回転がすとどのようになりますか。正しいほうの記号を〇でかこみましょう。

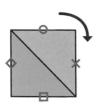
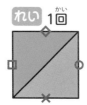
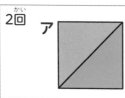

集中力アップ問題にちょうせん！

図を書かれている回数だけ➡のほうに転がすと、どのようになるでしょう。正しい図を〇でかこみましょう。

❶

❷

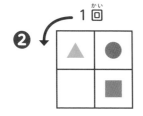

❸

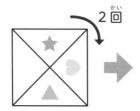

記号の向きや場所に注意しよう。

漢字クイズ

おまえたちはさい近だらだらしなくなってきた。気に入らないクサー。

集中力をあげるためのじゅんび運動！

（　　　）にあてはまる漢字1字を書きましょう。

① （　　　）という漢字は、音読みが「スイ」、くん読みが「みず」、画数は4画です。

② （　　　）という漢字は、音読みが「ゲツ・ガツ」、くん読みが「つき」、画数は4画です。

集中力アップ問題にちょうせん！

集一と千由にふまんをもったメンドクサーが、漢字クイズを出題してきました。答えになる漢字をあとの □ からえらび、□ に書きましょう。また、のこった漢字の中から3文字をえらび、あとの □ に1文字ずつ入れて、文をかんせいさせましょう。

❶
ヒント1	「キュウ」と読む漢字。
ヒント2	「□む」「□まる」「□める」という読み方もある。□に入る文字はすべて同じ。
ヒント3	「●日」「ひと●み」などという言葉を作ることができる。

❷
ヒント1	画数は 10 画。
ヒント2	読み方は 1 つしかない。
ヒント3	「学●」「下●」などの言葉を作ることができる。

❸
ヒント1	画数は 6 画。
ヒント2	送りがながいる読み方はない。
ヒント3	「●月」「学●」などの言葉を作ることができる。

年　音　休　石　雨　校　草　竹　耳

□ をすますと、ザーザーと □ □ が聞こえてくる。

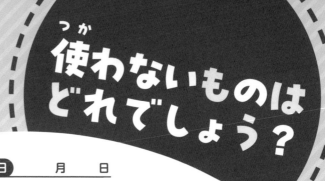

使わないものは
どれでしょう？

集中力を
あげるための
じゅんび運動！

□の中にある形を組み合わせると、どのような形になりますか。
右の図の中から正しいものをえらんで、○でかこみましょう。

集中力アップ
問題に
ちょうせん！

□の中にある形を組み合わせて左の図を作るとき、使わないものが1つあります。さがして○でかこみましょう。

❶

❷
 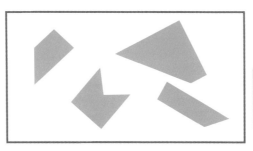

どれとどれがぴったり
くっつくか、1つずつ
組み合わせてみよう。

❸

やる気アップで レベルアップ！

おれたちの
負けだクサー。

モンスターたち
をたおしたよ！

これで
集中力パワーは
集まったよね？

さい後にあと1つ。わしからのアドバイスじゃ。
ときにはやる気が出ないこともあるじゃろう。そういう
ときのために、「やる気を生むコツ」をさずけようぞ。

---

❶決めた流れに乗る

やる気はあとからついてくる！

「ごはんを食べたらやる」のように決めたら、とにかくその流れに乗ってしまおう。

❷生活習かんにくっつける

習かんになればこっちのもの！

「おふろで漢字を3つおぼえる」のように決めて、毎日の生活の中で習かんにしよう。

❸予定は大まかに立てる

自分に合った方法を見つけよう！

毎日細かく予定を立てても実行できない人は、1週間ごと、月ごとに大まかな予定を立ててみよう。

❹勉強にワクワクする

テストの点数なんて気にしない！

「よい点を取ろう」とするより「新しいことを学ぶのは楽しい」という気持ちを持つほうが、けっかにつながりやすい。

君たちはよくやってくれた。礼を申す。

当然のことをしたまでです。

ダラダラーン様、申しわけありません〜…。

➡ ぼうけんのおわりへ…

➡答えは80ページ

監修　池谷裕二

1970 年静岡県生まれ。東京大学薬学部教授。
脳の健康や発達、老化を探求する基礎研究を行いながら、脳に関する一般向けの著書を執筆。
脳研究の最前線のトピックを、できるだけ嚙み砕いて語ることで、「知の興奮」を読者の皆様と共有したいと願っている。
『進化しすぎた脳』（講談社）、『単純な脳、複雑な「私」』（講談社）、『夢を叶えるために脳はある』（講談社）、『脳はこんなに悩ましい』（新潮社）、『脳はみんな病んでいる』（新潮社）、『ココロの盲点 完全版』（講談社）、『海馬』（新潮社）、『脳には妙なクセがある』（扶桑社）、『パパは脳研究者』（扶桑社）、『記憶力を強くする』（講談社）など著書多数。

毎日10分！
小学生のための集中力を高める
ぼうけんドリル

2024年6月30日　初版第1刷発行

編　者　　日本能率協会マネジメントセンター
監修者　　池谷裕二
　　　　　©2024 JMA MANAGEMENT CENTER INC.
発行者　　張 士洛
発行所　　日本能率協会マネジメントセンター
　　　　　〒103-6009　東京都中央区日本橋2-7-1　東京日本橋タワー
　　　　　TEL　03(6362)4339(編集)／03(6362)4558(販売)
　　　　　FAX　03(3272)8127(編集・販売)
　　　　　https://www.jmam.co.jp/

装丁デザイン　　菅野祥恵(株式会社ウエイド)
本文イラスト　　関 和之(株式会社ウエイド)
執筆・校正　　　有限会社マイプラン
本文DTP　　　　株式会社ウエイド
印刷所　　　　　三松堂株式会社
製本所　　　　　三松堂株式会社

ISBN 978-4-8005-9230-9 C6337
落丁・乱丁はおとりかえします。
PRINTED IN JAPAN

すべて、わかったかな？

78ページの答え：11こ

- 8ページ「ぼうけんのはじまり」2こま目、つくえの上に1こ。
- 17ページ。ヨフカシーがめがねをかけている。
- 42ページ。ア〜カの合計6こ。
- 72ページ。たからの地図の中、がいこつの横に1こめがねが落ちている。
- 78ページ「ぼうけんのおわり」
  さい後のこま、王子の手に1こ。頭の上に1こ。

10ページ

ひらがな しりとり

集中するために、「ながら勉強」はやめよう！テレビやスマホはスイッチオフ！

とりくんだ日　月　日

集中力アップ問題にちょうせん！
生き物の名前でしりとりをしながら、空いているますに1文字ずつひらがなを入れて、ゴールを目指しましょう。

まずはしりとりか。それぐらいはまぁできる…と思う…けど。

START!			
お	っ	と	せい

い	る	か

か	ぴ	ば	ら	→	ら	っ	こ

こ	う	も	り	→	り	す

す	ず	め

集中できないようにじゃましてやるぞ！

め	だ	か

か	め	れ	お	ん	GOAL!

10　集中力レベル ★　[国語]　▶こたえはべっさつ1ページ

11ページ

数字迷宮 (すうじラビリンス)

ヨフカシーに会わないようにゴールできるかな。

とりくんだ日　月　日

集中力アップ問題にちょうせん！
1から10まで、数字のじゅん番に進んで、スタートからゴールまで線でたどりましょう。

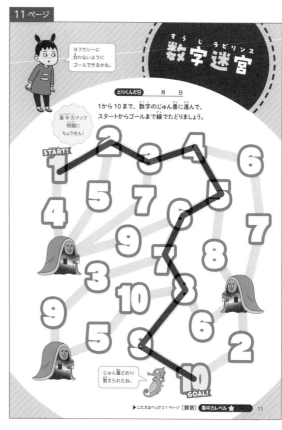

じゅん番どおり数えられたね。

▶こたえはべっさつ1ページ　[算数]　集中力レベル ★　11

12ページ

まぎれこんだ文字をさがそう！

とりくんだ日　月　日

集中力をあげるためのじゅんび運動！
正しいものをあとからえらんで、（ ）に書きましょう。
①「ん」のカタカナ（ ン ）　②「そ」のカタカナ（ ソ ）
③「こ」のカタカナ（ コ ）　④「ま」のカタカナ（ マ ）

ン　ア　シ　ソ　ユ　ツ　コ　マ

集中力アップ問題にちょうせん！
1つだけちがう文字がまぎれこんでいます。見つけて〇でかこみましょう。

どうだ、同じ文字ばかりならべてやったぞ！

うーん…。自が闇りそうだ…！

12　集中力レベル ★　[国語]　▶こたえはべっさつ1ページ

13ページ

数字をつなぐと…？ (すうじ)

とりくんだ日　月　日

集中力をあげるためのじゅんび運動！
じゅん番になるように、□に数字を書きましょう。
①1 - 2 - 3 - 4 - 5 - 6 - 7 - 8 - 9 - 10
②11 - 12 - 13 - 14 - 15 - 16 - 17 -18- 19 - 20

集中力アップ問題にちょうせん！
1から20まで、数字のじゅん番に点をつなぎましょう。どんな絵が出てくるかな。20のあとはもう一度1からつないで、すべての点を1回ずつ通りましょう。

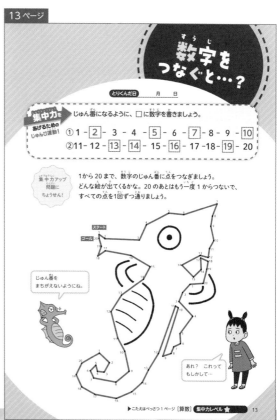

じゅん番をまちがえないようにね。

あれ？ これってもしかして…

▶こたえはべっさつ1ページ　[算数]　集中力レベル ★　13

1

かくれた文をさがせ!

___線部だけを書いていても正かい。

集中力をあげるためのじゅんび運動! ___線部を正しく直して ( ) に書きましょう。

①せんせえ (せんせい) ②しょおがつ (しょうがつ)
③づかん (ずかん) ④ええがかん (えいがかん)

集中力アップ問題にちょうせん! 文字がたくさんならんだ下の表には、ヒントの文がかくされています。
ヒントと同じ文になるように、スタートからゴールまで線でたどりましょう。
{ } の中の言葉は正しいほうをえらびましょう。
また、ななめには進めません。

ヒント あの {おおぞら・おうぞら} をとんでいる {ひこおき・ひこうき} には
{おうさま・おおさま} がのっていると {おとおと・おとうと} が {ゆった・いった}。

「おおぞら」と「おうぞら」、どちらが正しいかな。

え、あれ?どっちだっけ…。

正かいをぬりつぶせ! パート1

集中力をあげるためのじゅんび運動!
①1から10までの数字を〇でかこみましょう。
11 32 18 22 ③ 14 ⑤ ⑦ 17 45
②11から20までの数字を〇でかこみましょう。
⑲ 22 10 53 ⑯ 30 ⑫ 4 9 82

集中力アップ問題にちょうせん! 21から100までの数字が書かれたますをさがして、ぬりつぶしましょう。
どんな絵が出てくるかな。

荷に見えるかに～?

記事の見出しは?

集中力をあげるためのじゅんび運動! 次の漢字のきょう通点をア～ウからえらんで、記号を〇でかこみましょう。

山 草 里 林

ア 上下をひっくり返しても、形はかわらない。
イ よこに半分に切ると、上と下でにた形をしている。
ウ たてに半分に切ると、左と右でにた形をしている。

集中力アップ問題にちょうせん! 点線にかがみを立ててうつすと、どんな漢字になるでしょうか。
❶～❻の答えをあとの□に入れて、記事の見出しをかんせいさせましょう。

❶ ❷ ❸

真ん中にかがみをおくと、右がわにどんな形が来るのか、イメージしてごらん。

❹ ❺ ❻

発見 ❶金 ❷曜 ❸日 に、あおぞら村の ❹森 の ❺中 で、
❻口 の ❻大 きなきょうりゅうの化石が見つかった!

あいつとは、子どものころからのくされえんだ。

ライバルはだれだ

集中力をあげるためのじゅんび運動! 次の計算をしましょう。

①2+4+1= 7 ②3+2+5= 10 ③2+2+4= 8
④5-1-1= 3 ⑤9-3-2= 4 ⑥7-1-2= 4

集中力アップ問題にちょうせん! たすと9になるように、カードを3まいえらびましょう。
えらんだカードの下に書かれたカタカナを、
カードの数字が小さいほうからじゅん番にならべて、□に書きましょう。

3つの数字をたして9になる組み合わせは、1つしかないぞ。

9	6	4	2	7	5	3
↓	↓	↓	↓	↓	↓	↓
マ	キ	オ	ハ	メ	ス	ヤ

ヨフカシーのライバルの名前は… ハ ヤ オ キー

今日のおやつはなあに？

集中力アップ問題にちょうせん！
次の絵には、かけている部分があります。そこにはどのような絵が入るでしょうか。あとの文章を読んで、合うパズルのピースを〇でかこみましょう。

さい後まで集中して読まなければ、とけない問題だぞ。いひひ。

今日のおやつはプリンよ。
れいぞう庫に入れてあります。
きちんと手をあらってから
食べるように。
夕方には帰ります。
　　　　　　お母さんより

くまさんが家に帰ってくると、テーブルにお母さんからの手紙がおいてありました。
「やったー！　おやつは、ぼくの大すきなプリンだって！」
くまさんは、さっそくれいぞう庫からプリンを取り出しました。
お母さん手作りの大きなプリンには、たっぷりのクリームがかかっていて、水玉もようの青いうつわにのっています。
「本当はさくらんぼもほしいところだけど、今日のところはがまんするか。」
くまさんは大急ぎで手をあらいに行きました。

長さをくらべよう

集中力をあげるためのじゅんび運動！
えんぴつを長いものからじゅん番にならべて、記号を書きましょう。
（　エ → ア → ウ → イ　）

集中力アップ問題にちょうせん！
長いものからじゅん番に、1、2、3の数字を（　）に書きましょう。
へびは体の長さを、犬はリード（ひも）の長さをくらべましょう。

（ 3 ）　　　（ 1 ）　　　（ 2 ）

まっすぐにのばしたら、どうなるかな？

（ 1 ）　　　（ 3 ）　　　（ 2 ）

集中力レベル ★★★

カタカナクロスワード

集中力をあげるためのじゅんび運動！
あてはまる言葉をア〜ウからえらんで、（　）に記号を書きましょう。
①おなかに赤ちゃんを育てるふくろがある動物。ピョンピョンはねながら移動するよ。　　　（ イ ）
②水着を着て入る、水をいっぱいためたところ。体育のじゅ業で入ることもあるね。　　　（ ア ）
③ピザやパスタが代表的な〇〇〇〇料理。トマトやチーズをよく使うよ。　　　（ ウ ）

ア　プール　　イ　カンガルー　　ウ　イタリア

集中力アップ問題にちょうせん！
たてのかぎ は上から下に、よこのかぎ は左から右にますをうめる言葉のヒントです。21 ページのますには、どんな言葉が入るでしょうか。また、□ に入る文字をAからじゅん番にならべると、どんな言葉ができるかな。すべてカタカナで書きましょう。

たてのかぎ
① クラブとよばれる道具でボールを打ち、あなに入れるスポーツ。
③ 氷をはったリンクの上を、はのついたくつをはいてすべるスポーツ。
④ ひき肉に玉ねぎなどをまぜて丸め、やいた料理。
⑥ 主にアフリカ大陸にすむ動物。オスは顔のまわりにたてがみがあり、「百獣の王」とよばれています。
⑧ スーッとしたさわやかなかおりのハーブ。「チョコ〇〇〇」
⑨ ぶどうをしぼって作られる飲み物。子どもは飲めません。

よこのかぎ
② 家や部屋などの出入り口についていて、開けたりしめたりするもの。とびら。
④ ぶたなどの肉をしおづけにして作った食べ物。「〇〇エッグ」「〇〇サンド」
⑤ ヨーロッパにある国。首都はパリ。エッフェルとうやおいしい料理で有名です。
⑦ スープを飲むときなどに使う道具。アイスクリーム専用のものもあります。
⑧ ぬのなどをぬい合わせるきかい。これを使って、服やかばんなどを作ることができます。
⑩ サンタクロースが乗ったそりを引っぱって、空をかける動物。

こいつはなかなかむずかしい問題だぞ〜。おまえたちにとけるかな？

上からじゅん番にとかなくてもいいよ。わかるものからうめていこう。のばす音「─」は、たてとよこのどちら向きに書いてもいいよ。

①	②	③		④	
ゴ	ド	ア		ハ	ムB
ル		イ		ン	
⑤フ	ラ⑥	ンC	ス		バ
	イ	ス	プE		ー
	オ	ケ	A		グ
⑧ミ	シン		ー		⑨
ン		ト	ナ	カD	ワ
ト					イ

オA　ムB　ラ　イC　スE

これ、ヨフカシーのすきな食べ物なんだって。

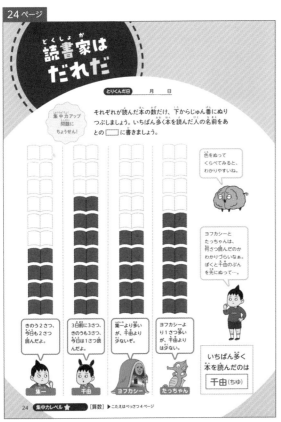

4

どこが広い？

とりくんだ日　月　日

集中力をあげるためのじゅんび運動！
青色、ピンク色、緑色のうち、いちばん広いものを〇でかこみましょう。

集中力アップ問題にちょうせん！
集一は① 10 ～ 39、ヨフカシーは② 40 ～ 69、千由は③ 70 ～ 99 の数字のますを、それぞれちがう色でぬりつぶします。①～③のうち、だれのぬりつぶした部分がいちばん広いでしょうか。あとの□□に名前を書きましょう。

ぼくは①の10 ～ 39 をぬるよ。ヨフカシーには負けないぞ。

②の 40 ～ 69 は、おれっちがぬりつぶしてやる。は出してくるなよ！

わたしは③の70 ～ 99 をぬるよ。

形のちがう広さは、どうやってくらべればよいかな？

38	31	24	12	39	44	64	67	43
20	23	33	10	22	51	69	52	55
21	29	15	26	19	60	40	49	63
35	17	25	30	34	45	56	65	42
32	28	37	27	16	61	41	50	66
11	13	14	46	54	47	58	53	48
18	29	36	75	88	74	91	84	95
81	78	87	94	71	98	72	89	99
93	72	80	77	92	96	82	97	73

① **31 ます**　② **26 ます**

③ **24 ます**

答え　集一（しゅういち）

漢字パズル

とりくんだ日　月　日

集中力をあげるためのじゅんび運動！
□に共通して入る漢字をえらんで、〇でかこみましょう。
①□見 ─ 正□（月　空）　②□字 ─ □学（文　竹）
③雨□ ── □気（上　天）　④□足 ─ □手（木　土）

集中力アップ問題にちょうせん！
漢字2文字の言葉を作るとき、〇に共通して入る漢字1文字を書きましょう。
〇または□から矢じるしの方向に読みます。

れい

漢字をながめていると、ねむくなるなぁ…。

答えるのをやめて、ゲームでもしたらどうだ？よふかしは さい高 だぞ。

ねむくなってきたら、のびをするとリフレッシュできるよ！

ばらまかれたボール

ボールをたくさんばらまいてやったぜ！

とりくんだ日　月　日

集中力をあげるためのじゅんび運動！
りんごとバナナの数を数えて、表に書きましょう。

しゅるい	数
りんご	8 こ
バナナ	8 本

集中力アップ問題にちょうせん！
ウンドウギライーがばらまいたボールの数を数えて、表に書きましょう。また、集一と千由のうち、正しいことを言っているほうを、〇でかこみましょう。

ボールのしゅるい	数
⚽	9 こ
🏀	7 こ
🎾	12 こ
○	15 こ

⚽は○より3こ少ないよ。

🎾がいちばん少なくて、⚽がいちばん多いよ。

かくされた言葉　パート2

とりくんだ日　月　日

集中力をあげるためのじゅんび運動！
①～③の言葉について、にた意味の言葉をア～ウからえらんで、（　）に記号を書きましょう。
①いっぱい（イ）　②じゅんじょ（ウ）
③目ひょう（ア）
ア 目てき　イ たくさん　ウ じゅん番

集中力アップ問題にちょうせん！
□□の中にある言葉の、にた意味の言葉をあとの表からさがして、〇でかこみましょう。上から下か、左から右に読みます。

おりる	ねる	とじる	しゃべる	さわる	上る
開く	にぎる	心配	しょう来	じゅんび	道

今度はにた意味の言葉だよ。

きみたちはふたごだから、「にている」は得意だよね。

……。

か	う	せ	む	け	み	へ	く	ま	ね
ま	ね	に	ら	う	ら	さ	だ	ふ	は
み	む	ゆ	こ	れ	い	ず	る	に	な
ぼ	る	の	と	ぜ	へ	ふ	そ	え	す
ふ	し	に	あ	た	ら	あ	が	る	せ
れ	か	よ	ち	あ	ん	け	だ	り
る	す	ど	う	ろ	と	も	や	わ	は
か	さ	つ	い	わ	し	つ	か	む	い
ん	る	ん	ぬ	も	ほ	つ	で	こ	よ
あ	け	る	く	う	ん	づ	し	め	る

大きいのはどっち？

とりくんだ日　　月　　日

集中力を あげるための じゅんび運動！　次の数字を大きいものからじゅん番にならべかえて書きましょう。

63　102　97　129

（ 129 → 102 → 97 → 63 ）

集中力アップ 問題に ちょうせん！　大きいほうの数字をえらびながら、スタートからゴールまで線でたどりましょう。

数字の一部をかくしてやったぞ。どっちが大きいかわかるかな？

くらべる相手の同じくらいにある数字を、●に入れてみよう。たとえば、493と4●2をくらべるなら、●に9を入れて、493と492。●のくらいの数をくらべてみると…どちらが大きいかな。

おやすみ〜

START!

493　4●2　　6●7　605

799　7●1

1●0　191

808　8●9

GOAL!

▶こたえはべっさつ6ページ　[算数]　集中力レベル ★★　31

大いほうを進め！

とりくんだ日　　月　　日

集中力を あげるための じゅんび運動！　画数が多いほうの漢字を〇でかこみましょう。

① 女・五　② 青・車
③ 花・年　④ 名・町

集中力アップ 問題に ちょうせん！　画数が多いほうを進んで、スタートからゴールまで線でたどりましょう。

足　雨　　気　出

月　山

START!

貝　糸　　水　字

GOAL!

32　集中力レベル ★★　[国語]　▶こたえはべっさつ6ページ

開くとどうなる？

とりくんだ日　　月　　日

集中力を あげるための じゅんび運動！　でおるとぴったり重なる形になるように、右がわの図をかきましょう。

れい

集中力アップ 問題に ちょうせん！　左の図のように2つにおったおり紙を、おり目のほうから──線にそって切りぬきます。開くとどんな形になるでしょうか。右の図から正しいものをえらんで、〇でかこみましょう。

切りぬく線の形をよく見て考えてみよう！

おり目

❶

❷

❸

おり紙を開いたとき、おり目の左がわと右がわの形はどうなるかな。

▶こたえはべっさつ6ページ　[算数]　集中力レベル ★★　33

きせつの言葉でクロスワード

とりくんだ日　　月　　日

集中力を あげるための じゅんび運動！　次の言葉をきせつに分けて書きましょう。

いねかり　こたつ　もみじ　ひな祭り　たなばた

春（ひな祭り　　）　夏（たなばた　　）
秋（いねかり　もみじ　）　冬（こたつ　　）

集中力アップ 問題に ちょうせん！　たてのかぎ は上から下に、よこのかぎ は左から右にますをうめる言葉のヒントです。35ページのますには、どんな言葉が入るでしょうか。また、□に入る文字をAからじゅん番にならべると、どんな言葉ができるかな。すべてひらがなで書きましょう。小さく書く文字も大きく書きます。

たてのかぎ

① 冬に雪で作ります。ひっくり返したバケツをぼうし代わりにするのが定番。
② 春にとれます。せい長すると竹になります。
④ 大きな花がとくちょうの、夏を代表する植物。花の真ん中の丸い部分は茶色、まわりの花びらは黄色です。
⑥ 秋になるとおいしい食べ物。しいたけ、まつたけなどが代表的。
⑦ そりに乗ったおじいさんがプレゼントを運んでくる日。えんとつそうじをわすれなく。
⑧ わらなどであんだ夏用のぼうし。つばが大きめで、リボンをまいてあるものもあります。
⑨ 夏においしく食べられる赤い野菜。サラダやスープ、パスタのソースにも使われます。
⑪ さつまいもを土からほること。秋の遠足で行ったことがある人も多いのでは？
⑬ 十五夜にまん月をかんしょうする行事です。すすきをかざったりだんごなどをそなえたりすることもあります。

よこのかぎ

① 和服の一種です。夏祭りやぼんおどりのときに着ることがある人も多いはず。
③ スイッチを入れると羽根が回って風が出てくるきかい。外出したときに使える小さいものも人気です。
⑤ せつ分のとき、おにを追いはらうためにまめをまく行事。
⑧ せみやかぶとむしなどをとること。夏になると虫かごやあみを持って公園などに行く人も多いです。
⑩ こどもの日にかざります。風があると泳いでいるすがたを見ることができます。
⑫ おせち料理を食べたり、はつもうでに行ったりして、新しい年をむかえることをいわう行事。
⑭ 1年のさい後の日のこと。年こしそばを食べる習かんがあります。

34　集中力レベル ★★　[国語]　▶こたえはべっさつ6ページ

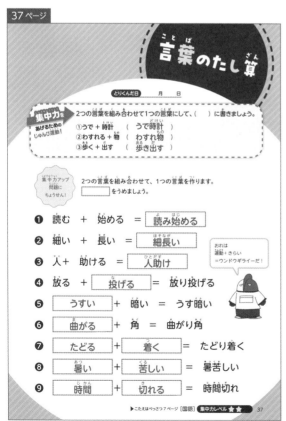

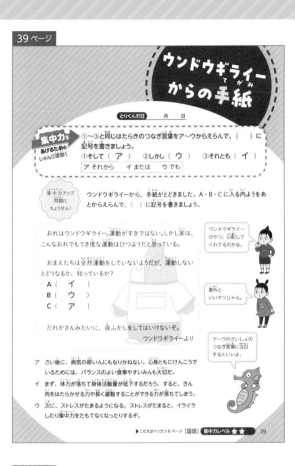

ウンドウギライーからの手紙

とりくんだ日　　月　日

集中力をあげるための じゅんび運動！

①～③と同じはたらきのつなぎ言葉をア～ウからえらんで、（　）に記号を書きましょう。

①そして（　ア　）　②しかし（　ウ　）　③それとも（　イ　）

ア それから　イ または　ウ でも

集中力アップ 問題にちょうせん！

ウンドウギライーから、手紙がとどきました。A・B・Cに入る内ようをあからえらんで、（　）に記号を書きましょう。

おれはウンドウギライー。運動がすきではない。しかし実は、こんなおれでもr度な運動はひつようだと思っている。

おまえたちは全然運動をしていないようだが、運動しないとどうなるか、知っているか？

A（　イ　）

B（　ウ　）

C（　ア　）

だれかさんみたいに、夜ふかしをしてはいけないぞ。

ウンドウギライーより

ウンドウギライーのやつ、心配してくれてるのかな。

意外といいヤツじゃん。

ア～ウのさいしょのつなぎ言葉に注目するといいよ。

ア　さい後に、病気の原いんにもなりかねない。心身ともにけんこうでいるためにも、バランスのよい食事や休みも大切だ。

イ　まず、体力が落ちて身体活動量が低下するだろう。すると、きん肉をはたらかせる力や長く運動することができる力が落ちてしまう。

ウ　次に、ストレスがたまるようになる。ストレスがたまると、イライラしたり集中力をたもてなくなったりするぞ。

かくされた数

とりくんだ日　　月　日

集中力をあげるための じゅんび運動！

記号でかくされた数を□に書きましょう。1つの記号には、1～9のうち、いずれかの数が入り、同じ記号には同じ数が入ります。

▼＋▼＝6　▲＋▲＝8　10－■＝■

★－3＋3＝★　3＋◎＋◎＝7　◆－◆＋◆＝7

▼ 3　▲ 4　■ 5　★ 6　◎ 2　◆ 7

集中力アップ 問題にちょうせん！

記号でかくされた数を□に書きましょう。

・1つの記号には、1～9のうち、いずれかの数が入ります。

・それぞれの問題で、同じ記号には同じ数が入り、ちがう記号に同じ数は入りません。

❶ 9－◆＝7
　♥＋5＝9
　◆＋♥＝♣

◆ 2　♥ 4　♣ 6

❶は上の式からじゅん番に考えるとわかりそうだね。

❷ ★＋5＝14
　★＋◎＝10
　★－◎＝▼

★ 9　◎ 1　▼ 8

❸ ▲▲＋▲＝▲ 6

▲ 3

❸は答えの1のくらいが6であることに注目しよう。式の1のくらいはどちらも▲だから、同じ数をたすと6になる数だよ。

❹ 4■＋■＝■ 0

■ 5

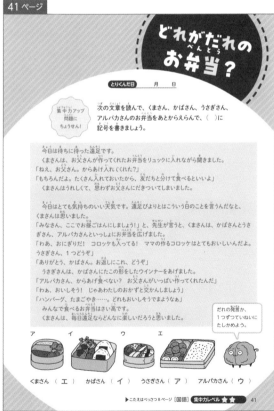

どれがだれのお弁当？

とりくんだ日　　月　日

集中力アップ 問題にちょうせん！

次の文章を読んで、くまさん、かばさん、うさぎさん、アルパカさんのお弁当をあとからえらんで、（　）に記号を書きましょう。

今日は待ちに待った遠足です。

くまさんは、お父さんが作ってくれたお弁当をリュックに入れながら聞きました。

「ねえ、お父さん。からあげ入れてくれた？」

「もちろんだよ。たくさん入れておいたら、友だちと分けて食べるといいよ」

くまさんはうれしくて、思わずお父さんにだきついてしまいました。

今日はとても気持ちのいい天気です。遠足びよりとはこういう日のことを言うんだなと、くまさんは思いました。

「みなさん、ここでお昼ごはんにしましょう！」と、先生が言うと、くまさんは、かばさんとうさぎさん、アルパカさんといっしょにお弁当を広げました。

「わあ、おにぎりだ！ コロッケも入ってる！ ママの作るコロッケはとてもおいしいんだよ。うさぎさん、1つどうぞ」

「ありがとう、かばさん。お返しにこれ、どうぞ」

うさぎさんは、かばさんにたこの形をしたウインナーをあげました。

「アルパカさん、からあげ食べない？ お父さんがいっぱい作ってくれたんだ」

「わあ、おいしそう！ じゃあわたしのおかずと交かんしましょう」

「ハンバーグ、たまごやき……。どれもおいしそうでたまりそうだなあ」

みんなで食べるお弁当はさいこうです。

くまさんは、毎日遠足ならどんなに楽しいだろうと思いました。

だれの発言か、1つずつていねいにたしかめよう。

ア　イ　ウ　エ

くまさん（　エ　）　　かばさん（　イ　）　　うさぎさん（　ア　）　　アルパカさん（　ウ　）

だれのめがね？

おれのめがねをまぎれこませてやったぜ～。

とりくんだ日　　月　日

集中力をあげるための じゅんび運動！

次のたし算とひき算をしましょう。

①26＋2＝ 28　　②51＋3＝ 54　　③71＋8＝ 79

④45－4＝ 41　　⑤67－2＝ 65　　⑥39－7＝ 32

集中力アップ 問題にちょうせん！

答えが同じになるたし算とひき算を線でつなぎましょう。あまったものがウンドウギライーのめがねです。記号をあとの□に書きましょう。

| 35＋2 | 22＋5 | 23＋2 | 31＋3 | 25＋1 |

| 29－2 | 27－1 | 39－2 | 27－2 | 34－3 | 37－3 |

ア　イ　ウ　エ　オ　カ

ウンドウギライーのめがねは オ

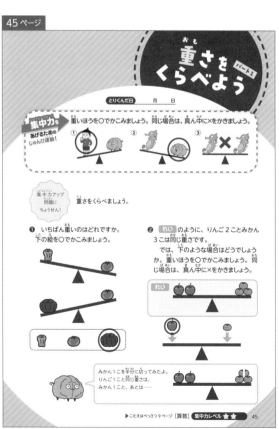

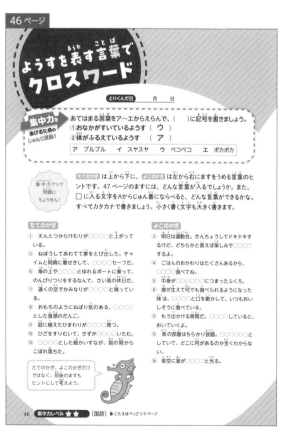

正かいをぬりつぶせ！ パート2

とりくんだ日　　月　日

集中力をあげるための じゅんび運動！　漢字と送りがなを（　）に書きましょう。
①おおきい（　大きい　）②ただしい（　正しい　）③やすむ（　休む　）

集中力アップ 問題にちょうせん！　送りがながただしいほうの記号をえらんで、その記号が書かれたますをぬりつぶしましょう。どんな絵が出てくるかな。

| まなぶ | ア 学ぶ / イ 学なぶ | たてる | ウ 立る / エ 立てる | うまれる | オ 生まれる / カ 生れる | あける | キ 空ける / ク 空る |

わっ、鳥がうまれた！

ふたごではなさそうだね。

▶こたえはべっさつ9ページ　［国語］　集中力レベル ★★

どんな形？

とりくんだ日　　月　日

集中力をあげるための じゅんび運動！　三角形をすべて〇でかこみましょう。

集中力アップ 問題にちょうせん！　次の絵から四角形をさがして、記号を書きましょう。

身近なものも、よく見るといろんな形をしているね。

じゅん番が入れかわっていても正かい。

四角形　| ア | ウ | オ | ク | コ |

集中力レベル ★★　［算数］　▶こたえはべっさつ9ページ

集中力レベル ★★★

重さをくらべよう パート1

とりくんだ日　　月　日

集中力をあげるための じゅんび運動！　重いほうを〇でかこみましょう。同じ場合は、真ん中に×をかきましょう。①②③

集中力アップ 問題にちょうせん！　重さをくらべましょう。

❶ いちばん重いのはどれですか。下の絵を〇でかこみましょう。

❷ れいのように、りんご2ことみかん3こは同じ重さです。では、下のような場合はどうしょうか。重いほうを〇でかこみましょう。同じ場合は、真ん中に×をかきましょう。

れい

みかん1こを半分に切ってみたよ。りんご1ことみかん1ことは同じ重さは、みかん1こ、あとは……

▶こたえはべっさつ9ページ　［算数］　集中力レベル ★★

ようすを表す言葉でクロスワード

とりくんだ日　　月　日

集中力をあげるための じゅんび運動！　あてはまる言葉をア～エからえらんで、（　）に記号を書きましょう。
①おなかがすいているようす（　ウ　）
②体がふるえているようす（　ア　）

| ア ブルブル | イ スヤスヤ | ウ ペコペコ | エ ポカポカ |

集中力アップ 問題にちょうせん！　たてのかぎは上から下に、よこのかぎは左から右にますをうめる言葉のヒントです。47ページのますには、どんな言葉が入るでしょうか。また、□に入る文字をAからじゅん番にならべると、どんな言葉ができるかな。すべてカタカナで書きましょう。小さく書く文字も大きく書きます。

たてのかぎ
① えんとつからけむりが〇〇〇〇と上がっている。
③ ねぼうしてあわてて家を出した。チャイムと同時に着せきして、〇〇〇〇セーフだ。
⑥ 海の上で〇〇〇〇とゆれるボートに乗って、のんびりつりをするなんて、さい高の休日だ。
⑦ 遠くの空でかみなりが〇〇〇〇と鳴っている。
⑧ おもちのようにねばり気のある、〇〇〇〇とした食感のだんご。
⑨ 庭に植えたひまわりが〇〇〇〇育つ。
⑩ ひざをすりむいて、きずが〇〇〇〇いたむ。
⑫ 〇〇〇〇とした細かいすなが、指の間からこぼれ落ちた。

よこのかぎ
② 明日は運動会。きんちょうしてドキドキするけど、どちらかと言えば楽しみで〇〇〇〇する。
④ ごはんのおかわりはたくさんあるから、〇〇〇食べてね。
⑤ 中身が〇〇〇〇〇〇につまったふくろ。
⑧ 歯が生えて何でも食べられるようになった妹が、〇〇〇〇と口を動かして、いつもおいしそうに食べている。
⑪ もう出かける時間だ。〇〇〇〇していると、おいていくよ。
⑬ 弟の部屋はちらかり放題。〇〇〇〇〇〇〇していて、どこに何があるのか全くわからない。
⑭ 夜空に星が〇〇〇〇と光る。

たてのかぎ、よこのかぎだけではなく、前後のますもヒントにして考えよう。

集中力レベル ★★　［国語］　▶こたえはべっさつ9ページ

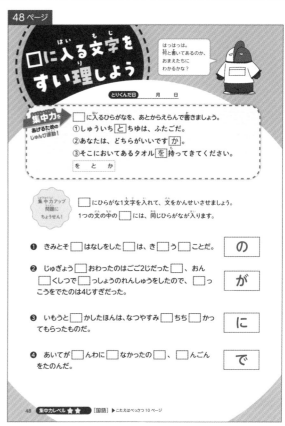

ウンドウギライーの日記

この繭、ヨフカシーとメンドクサーを動物園にさそったぞ。

とりくんだ日　月　日

集中力を あげるための じゅんび運動！　時こくの進むじゅん番になるように、ア〜カをならべかえましょう。

ア 午前7時　　イ 午後1時　　ウ 午後10時
エ 午前10時　　オ 午後5時　　カ 午後2時

じゅん番（ ア → エ → イ → カ → オ → ウ ）

集中力アップ 問題に ちょうせん！　ウンドウギライーの日記がバラバラになってしまいました。1日の中で時こくの進んだじゅん番にならべかえて、ア〜カの記号を書きましょう。

ア 午前11時30分に動物園に着いた。イベントの予定を見ると、ペンギンのおさん歩が午後1時からだ。ぜったいに見たい。先に昼ごはんをすませることにしよう。

イ やくそくした午前10時にふたりが来ない。ヨフカシーはねぼうだろう。メンドクサーに電話をしたら、めんどくさいから行かないと言われた。

ウ 昼ごはんはおれの手作りおにぎりボールだ。具はかつお、こんぶ、ツナマヨの3しゅるい。おくれてやってきたヨフカシーは昼ごはんから合流。おにぎりボールをおいしそうに食べていたぞ。

エ 午後3時半、園内のグッズ売り場へ行った。オレは自分にナマケモノのキーホルダーを、メンドクサーにゾウガメのぬいぐるみを買った。

オ 午後6時、帰宅く。ひさびさの外出は楽しかったが少しつかれた。お気に入りのカップでミルクを飲みながら、ペンギンの動画をみよう。

カ ペンギンのおさん歩の時間だ。通り道のまわりには人がいっぱいだ。スマホでかわいい動画がとれたぞ。メンドクサーに自まんしよう。

日記の内ようをよく読み、午前と午後にも注意してならべてみよう。

じゅん番（ イ → ア → ウ → カ → エ → オ ）

書きじゅん迷路 ゴールをさがせ

とりくんだ日　月　日

集中力を あげるための じゅんび運動！　色のついた部分は何画目ですか。数字を書きましょう。

①中（ 4 画目）　②出（ 1 画目）　③花（ 6 画目）

集中力アップ 問題に ちょうせん！　色のついた部分が2画目と4画目の漢字をえらんで、スタートから進むとき、ゴールはどこでしょうか。記号を〇でかこみましょう。

START!　ア

竹	虫	口	七	千	右
耳	生	年	足	町	雨
白	先	小	校	立	金
休	空	村	日	左	糸
玉	水	女	名	学	音
貝	気	文	入	四	車

イ　　ウ

書きじゅんをしっかりおぼえることは、漢字を正しく書けるようになるために大切なことだよね。

四方計算パズル

とりくんだ日　月　日

集中力を あげるための じゅんび運動！　次の計算をしましょう。

① 59 + 22 = 81　　② 71 − 48 = 23
③ 220 + 17 = 237　　④ 463 − 23 = 440
⑤ 236 + 59 = 295　　⑥ 152 − 33 = 119

集中力アップ 問題に ちょうせん！　真ん中の□から上下左右に4問の計算をします。真ん中の□から左にたし算、右にひき算。上にたし算、下にひき算です。
すべての式が正しいものになるように、□に数字を入れましょう。

れい

```
        56
        ‖
        9
        ＋
59 = 12 + 47 − 21 = 26
        ‖
        17
        ‖
        30
```

□ + 9 = 56
□ + 12 = 59
□ − 21 = 26
□ − 17 = 30
□に入る数字を考えよう。

見た目にまどわされないで！

❶
```
        287
        ‖
        19
        ＋
280 = 12 + 268 − 56 = 212
        ‖
        29
        ‖
        239
```

❷
```
        181
        ‖
        17
        ＋
196 = 32 + 164 − 13 = 151
        ‖
        35
        ‖
        129
```

❸
```
        375
        ‖
        28
        ＋
390 = 43 + 347 − 39 = 308
        ‖
        18
        ‖
        329
```

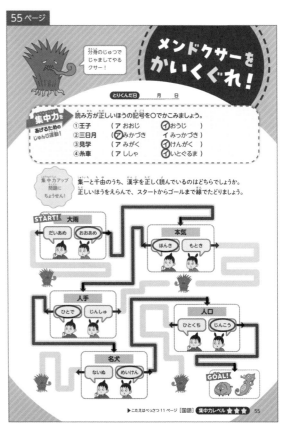

メンドクサーをかいくぐれ！

分身のじゅつでじゃまして やるクサー！

とりくんだ日　月　日

集中力を あげるための じゅんび運動！　読み方が正しいほうの記号を〇でかこみましょう。

①王子　（ ア おおじ　　　イ おうじ　）
②三日月（ ア みかづき　　イ みっかづき ）
③見学　（ ア みがく　　　イ けんがく　）
④糸車　（ ア ししゃ　　　イ いとぐるま ）

集中力アップ 問題に ちょうせん！　集一と千由のうち、漢字を正しく読んでいるのはどちらでしょうか。正しいほうをえらんで、スタートからゴールまで線でたどりましょう。

START!　大雨
だいあめ　おおあめ

本気
ほんき　もとき

人手
ひとで　じんしゅ

人口
ひとくち　じんこう

名犬
ないぬ　めいけん

GOAL!

集中力レベル ★★★　集中力レベル ★★★

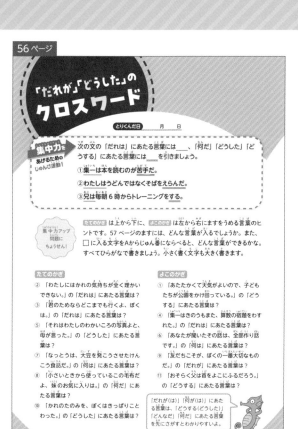

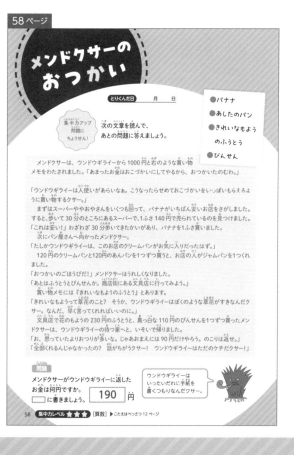

あてはまるのは だれだ

とりくんだ日　月　日

集中力を あげるための じゅんび運動！　空らんをうめましょう。

	自分に近い	相手に近い	どちらからも遠い	わからない
物事	これ	その	あれ	どれ　どの
	この	それ	あの	
場所	ここ	そこ	あそこ	どこ
方向	こちら　こっち	そちら　そっち	あちら　あっち	どちら　どっち
ようす	こう　こんな	そう　そんな	ああ　あんな	どう　どんな

集中力アップ 問題に ちょうせん！　しつ問に合う答えを言っているのはだれですか。〇でかこみましょう。

こそあど言葉に注目しよう。

❶ だれかのタブレットを見つけたよ。　たっちゃんが持っているのはだれのタブレット？
それはぼくのだクサー。　ぼくのはどれかな。

❷ ここはだれの部屋だろう？　集一がいるのはだれの部屋？
そこはわたしの部屋だよ。　おれの部屋はどこだクサー。

❸ わたしはどうすればいい？　羊由に、自分のところに来てほしいと言っているのは？
あっちに行くんだクサー。　こっちに来てよ。　そっちに行くよ。

等しく 分けよう

とりくんだ日　月　日

集中力を あげるための じゅんび運動！　右の図に2本の直線を引いて、同じ大きさの三角形を4つ作りましょう。

集中力アップ 問題に ちょうせん！　集一、千由、たっちゃん、大ちゃん、メンドクサーの5人で、ケーキを切り分けることになりましたが、みんなで等しく分けることがむずかしいため、集一、たっちゃんが意見を出しました。ふたりの発言に合うように、ケーキを直線で切りましょう。ケーキはそれぞれ、同じ大きさになるように切り分けましょう。

⑦のケーキを1回だけ切って2つに分け、じゃんけんに勝ったふたりだけが食べよう。　⑦

④のケーキは4回切ろう。5人で分けて、のこった3切れを食べる人をじゃんけんで決めよう。　④

集中力レベル ★★★

じゅん番に ならべかえよう

とりくんだ日　月　日

集中力を あげるための じゅんび運動！　●国語じてんは、言葉の意味をせつ明しているものです。
●言葉は、あいうえおじゅんにならんでいます。
1文字目をくらべる➡1文字目が同じ場合は2文字目をくらべる…のように、じゅん番にくらべていきます。

れい　カメラ ➡ すいか ➡ たいこ のじゅん番にならべることができます。

●「ひ・び・ぴ」は、「ひ」➡「び」➡「ぴ」のじゅん番にならんでいます。

れい　ひざ ➡ ビザ ➡ ピザ のじゅん番にならべることができます。

●「メンドクサー」のようにのばす音は、「メンドクサア」のように、「あいうえお」におきかえます。

れい　しいたけ ➡ シーツ ➡ したじき のじゅん番にならべることができます。

問題　国語じてんに出てくるじゅん番に、（　）に数字を書きましょう。
ふじ（ 1 ）　ぶじ（ 3 ）　ぶし（ 2 ）

集中力アップ 問題に ちょうせん！　カードに書かれた言葉を、国語じてんにのっているじゅん番にならべて、記号を書きましょう。

1文字ずつていねいにくらべていってね。

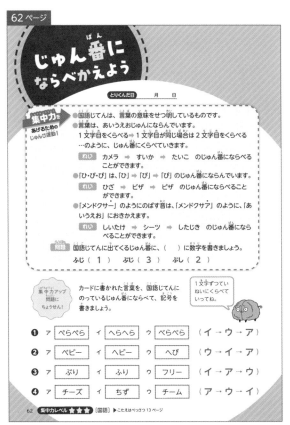

❶ ア ぺらぺら　イ へらへら　ウ べらべら　（ イ → ウ → ア ）

❷ ア ベビー　イ ヘビー　ウ へび　（ ウ → イ → ア ）

❸ ア ぶり　イ ふり　ウ フリー　（ イ → ア → ウ ）

❹ ア チーズ　イ ちず　ウ チーム　（ ア → ウ → イ ）

絵つなぎ ゲーム

とりくんだ日　月　日

集中力を あげるための じゅんび運動！　絵つなぎゲームの遊び方
①同じ絵どうしを線でつなぎます。
②線は、空いているますをたて、よこ、直角に通るように引きます。ななめには引けません。
③空いているますすべてに線が通るように引きます。
④線は同じますに2本引くことはできません。
⑤絵がかいてあるますに線を引くことはできません。

このように直角でもいいよ。

問題　絵つなぎゲームをしましょう。

集中力アップ 問題に ちょうせん！　絵つなぎゲームをしましょう。

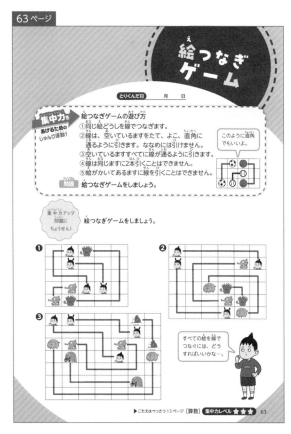

❶
❷
❸

すべての絵を線でつなぐには、どうすればいいかな…。

13

言葉を作ろう

とりくんだ日　　月　日

集中力をあげるためのじゅんび運動！ 次の中から漢字2文字をえらんで組み合わせ、言葉を1つ作りましょう。

① 日 貝 犬 休（ 休日 ）
② 左 花 校 見（ 花見 ）
③ 本 空 青 入（ 青空 ）

集中力アップ問題にちょうせん！ 12この漢字をすべて使って、漢字2文字の言葉を6つずつ作りましょう。一度使った漢字は使えません。

❶

や 目 車
生 正 林
山 水 玉
字 月 先

6つも作れる？

（ 水車 ）（ 山林 ）（ 正月 ）
（ 先生 ）（ 目玉 ）（ 文字 ）

❷

夕 禾
木 足 音
川 学 草 日
気 少 見

❶❷はそれぞれじゅん番が入れかわっていても正かい。

（ 小川 ）（ 天気 ）（ 見学 ）
（ 夕日 ）（ 足音 ）（ 草木 ）

だれが作ったおかし？

とりくんだ日　　月　日

集中力をあげるためのじゅんび運動！ 下の図を真上から見ると、どんな形ですか。右からえらんで、〇でかこみましょう。

集中力アップ問題にちょうせん！ 次の図は、集一、千由、たっちゃん、大ちゃんが作ったおかしを真上から見たものです。どれがだれの作ったおかしの図でしょうか。線でつなぎましょう。ただし、おかしと線でつなげない図が1つあります。

ぼくの作ったクサーイケーキの真上から見た図もあるぞ。まちがえたら食べてもらうクサー。

ダラダラーンへのプレゼント

新しいいすがほしい。

とりくんだ日　　月　日

集中力アップ問題にちょうせん！ 次の文章は、ヨフカシー、ウンドウギライー、メンドクサーがダラダラーンへのたん生日プレゼントについて話し合っているようです。プレゼントに決まったものを、あとのア～エからえらんで、記号を書きましょう。

来週はダラダラーンのたん生日。ヨフカシー、ウンドウギライー、メンドクサーの3人は、みんなでいすをプレゼントすることにしました。
たくさんのカタログを手に、3人が話し合っています。
「メンドクサーはどれがいいと思う。」
「ダラダラーン様のようなけんのある方には、これがにあうクサー。」
メンドクサーが指さしたものは、とても高級で立派なものでした。
「これは高くて買えないぞ。それよりこっちはどうだ。仕事がはかどる、集中できる、と書いてある。」
ウンドウギライーは、べつのカタログを開きました。
「仕事がはかどる、集中できるなんて、ダラダラーン様の生活スタイルには合わないよ。ダラダラーン様はダラダラするのが大すきなんだ。」
と、ヨフカシーはまたべつのカタログを開きました。
「これはすわりごこちがよさそうだよ。足をのばしてくつろげるし、ねむたくなったら、せもたれをたおしてよこにもなれる。」
「さすがヨフカシー。いいものをえらぶね。これならいくらでもダラダラし放題だクサー。」
「寒がりのダラダラーン様のことだ。冬にこたつでくつろぐときにも使ってもらえるぞ。よし、これで決まりだ。」

ア
ねだん 86,000円

イ
ねだん 8,000円

ウ
ねだん 12,000円

エ
ねだん 25,000円

プレゼントは　イ

同じ道を通るなって？めんどうなことを言うクサー…。

プレゼントをゲットしろ！

とりくんだ日　　月　日

集中力アップ問題にちょうせん！ すべてのプレゼントをゲットして、スタートからゴールまで線でたどりましょう。ただし、道もプレゼントも、1回ずつしか通ることができません。

START!

GOAL!

14

漢字で漢字を作る!?

とりくんだ日　　月　　日

集中力をあげるためのじゅんび運動！
2つの漢字を組み合わせて、1つの漢字を作りましょう。
①木 ＋ 木 ＝ （ 林 ）
②人 ＋ 木 ＝ （ 休 ）
③立 ＋ 日 ＝ （ 音 ）
「火」は少し形がかわるよ。

集中力アップ問題にちょうせん！
カードに書かれた漢字を組み合わせて、4つの漢字を作りましょう。
カードの中には、使わない漢字もあります。

「くさ」というカードもまぎれこませてやったクサー。

使わないカードもあるの？ややこしいことするなぁ。

めんどくさ度アップだよね。

じゅん番が入れかわっていても正かい。

森　早　男　名

68　集中力レベル ★★★　[国語]　▶こたえはべっさつ 15 ページ

重さをくらべよう パート2

とりくんだ日　　月　　日

集中力をあげるためのじゅんび運動！
いちばん重いものに○をつけましょう。
■ （ 　）
▲ （○）
▲ （ 　）
● （ 　）

集中力アップ問題にちょうせん！
ア～カの6このつみ木があります。それぞれの重さをくらべたとき、次の図のようになりました。軽いものからじゅん番になるように、ア～カの記号をならべかえて、□に書きましょう。

カは、ウより軽いけどイより重いね。こんなふうに、1つずつ見くらべながら、ならべていこう。

軽い ◀――――――――▶ 重い
エ　イ　カ　ア　オ　ウ

▶こたえはべっさつ 15 ページ　[算数]　集中力レベル ★★★　69

集中力レベル ★★★

かくされた言葉 パート3

1つずつよーく見くらべてね。

とりくんだ日　　月　　日

集中力をあげるためのじゅんび運動！
形のにた漢字に注意して、カタカナを漢字に直しましょう。
①オウ様は、②ヒャク円。ダマを③シロい紙の上においた。
① （ 王 ）　② （ 百 ）　③ （ 玉 ）　④ （ 白 ）

集中力アップ問題にちょうせん！
それぞれ1つだけちがう漢字がまぎれています。
その文字を見つけて、あとの□に1文字ずつ入れ、文を作りましょう。

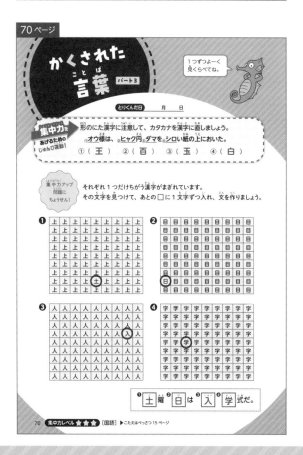

①土 曜 ②日 は ③入 ④学 式だ。

70　集中力レベル ★★★　[国語]　▶こたえはべっさつ 15 ページ

○か×か？ 記号パズル

とりくんだ日　　月　　日

集中力をあげるためのじゅんび運動！
記号パズルの遊び方
①○と×の記号を使います。
②たてかよこに、同じ記号がつづいてならぶのは2つまでとして、空いているますをうめます。
③ななめであれば、同じ記号がいくつならんでもかまいません。

問題 空いているますに、○か×をかきましょう。

集中力アップ問題にちょうせん！
記号パズルをします。空いているますに、○か×をかきましょう。

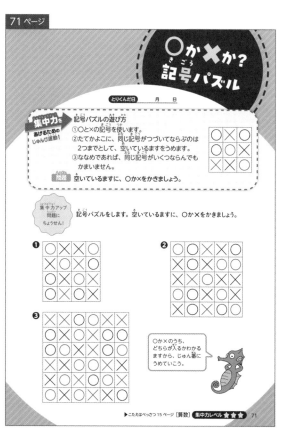

○か×のうち、どちらが入るかわかるますから、じゅん番にうめていこう。

▶こたえはべっさつ 15 ページ　[算数]　集中力レベル ★★★　71

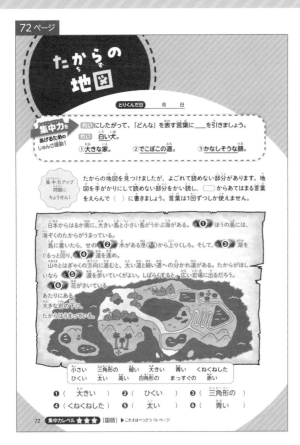

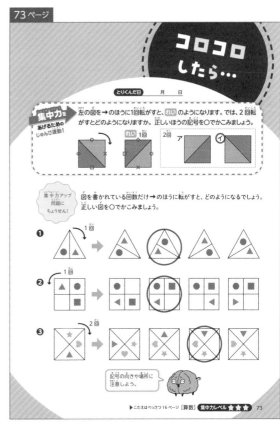